ediciones**carena**

Segunda edición ampliada: diciembre de 2024

© Carlos González Vallés
© Javier Bustamante Donas
© Ediciones Carena
c/ de l'Equador 45, local 6,
08029, Barcelona
Tel. 933 131 908
www.edicionescarena.org
carena@edicionescarena.org

Diseño de cubierta: Rafael Moneo y Kaicy Orellana
Corrección: Javier Bustamante Donas

Depósito legal: B 23772-2024
ISBN: 979-13-87623-06-7

GANDHI

UNA ALTERNATIVA
A LA VIOLENCIA

Carlos González Vallés

ÍNDICE

PRÓLOGO A LA SEGUNDA EDICIÓN
HACIA UNA ÉTICA DE LA NO-VIOLENCIA

La figura de Gandhi a través de la mirada de Carlos G. Vallés: la cultura de la paz

El nombre de Mohandas Karamchand Gandhi despierta en el corazón de personas de todos los países ecos de paz, tolerancia y justicia. Es el paradigma de una ética de la paz posible y realista, trasgresora y transformadora. Su vida y obra se han convertido en un faro inextinguible para quienes anhelan un mundo más pacífico y solidario, un espacio en el que las diferencias culturales, religiosas y sociales no sean barreras, sino puentes, oportunidades de encuentro. Al reflexionar sobre Gandhi y su legado, es inevitable hablar de la cultura de la paz que él encarnó con una convicción y coherencia únicas en la historia contemporánea. Su ejemplo trasciende las fronteras del tiempo y del espacio, invitando a las generaciones actuales a abrazar la no-violencia y el diálogo como pilares fundamentales para construir una sociedad más justa y solidaria. Además, esta cultura de la paz cobra una importancia especial en el terreno del diálogo interreligioso, ya que muchos de los conflictos que nos aquejan a mediados de la segunda década del siglo XXI tienen profundas raíces religiosas, o reflejan conflictos étnicos y culturales en los que la religión tiene una presencia constante como constructora de identidades colectivas y de muros entre los pueblos. Estas crisis humanitarias a los que asistimos desde comienzos de siglo hasta finales de este año 2024 han roto las esperanzas de un mundo nuevo más pacífico y tolerante que se alumbraron con la caída del Muro de Berlín y otros acontecimientos que dieron un portazo final a un siglo XX marcado a sangre y fuego por dos guerras mundiales, pero también por procesos de descolonización y recuperación de la dignidad nacional de muchos países que se miraron en el espejo de la India.

En este afán del mundo por encontrar la paz, el mensaje de Gandhi no es solo un credo político, sino también la demostración empírica de los beneficios de una ética que confía en la bondad del ser humano para alcanzar acuerdos y construir nuevas sinergias, renunciando a la violencia y a la venganza. Supone también la superación de los presupuestos de un proyecto de la Ilustración que justifica el colonialismo y la explotación de otros pueblos como una consecuencia natural de la superioridad europea y que presenta al ser humano enfrentado a la naturaleza y embarcado en una continua cruzada de dominación del orden natural. Una ética, en definitiva, que rompe con los preceptos egoístas de la búsqueda de la maximización del beneficio individual, de las ideologías supremacistas y los modelos económicos depredadores, todos ellos basados en un darwinismo social que proclama la desigualdad de los seres humanos como una consecuencia de la supremacía cultural de occidente. Con la llegada del siglo XXI parecía que el mundo se encaminaba hacia una nueva era caracterizada por el diálogo y la reflexión, convencido de que la naciente globalización suponía una afirmación de valores compartidos y asumidos por todos en un nuevo juego de beneficios compartidos. Infelizmente estas esperanzas ya se han truncado, y por ello el mensaje de Gandhi se hace más necesario que nunca.

Un lazo invisible entre biógrafo y biografiado

Pocas veces se da una relación existencial tan profunda entre el biógrafo y la persona biografiada. Inicialmente esta biografía se publicó en lengua gujarati en 1969. Ha sido necesario esperar al fallecimiento de Carlos G. Vallés en 2020 y la concesión a título póstumo en 2021 del *Padma Shri Award*, una de las más importantes condecoraciones civiles de la India, para comprender la dimensión de este hilo conductor que une a los dos autores, Vallés y Mahatma Gandhi. Solo medio siglo después de haber sido escrita esta biografía puede verse con perspectiva la herencia de la cultura de la paz y de la ética de la no-violencia creadas por Mahatma Gandhi, de la cual bebe y se impregna todo el pensamiento de Vallés. En esta biografía el lector no sólo se encuentra con la figura magnética de Gandhi, sino también con una profunda conexión espiritual y filosófica entre el biógrafo y su sujeto. Carlos G. Vallés, jesuita y prolífico escritor, llegó a la India en 1949, un año después de que Gandhi fuese asesinado. Esta coincidencia marca el inicio de un camino de dedicación a la tierra que el Mahatma tanto amó. Desarrolló su vida y labor en Ahmedabad, la ciudad que fue testigo de algunos de los acontecimientos más significativos en la vida de Gandhi.

Vallés llega a una India que llora la desaparición de su líder espiritual. Tras estudiar Matemáticas en Madrás, encuentra como destino final en la India la ciudad de Ahmedabad, antigua capital y centro comercial del estado del Gujarat. Esta ciudad es también donde Gandhi sitúa su ashram, su centro de operaciones desde el que se forja la independencia de la India, un espacio que se convirtió en el epicentro de su filosofía de no-violencia y desobediencia civil. El ashram de Gandhi en

Ahmedabad, conocido como *Sabarmati Ashram*, es tanto un centro político clave como un espacio espiritual transformador en la lucha por la independencia de la India. Desde allí, Gandhi lidera campañas de desobediencia civil como la histórica *Marcha de la Sal*, promoviendo la no-violencia y la autosuficiencia. Además, el ashram encarna y simboliza su visión de una vida sencilla, austera y ética, respetuosa con los valores indios ancestrales, inspirando una nueva conciencia moral que unió la espiritualidad con el activismo social, más allá de las diferencias religiosas, fomentando valores como la verdad, la igualdad y la armonía interreligiosa. Después de un periodo de formación universitaria en Matemáticas y en la lengua gujarati, se establece como profesor de matemáticas en Saint Xavier's College en Ahmedabad, a una modesta distancia del ashram de Gandhi.

Inspirado por el ejemplo de vida de Gandhi, y asimilando los valores ancestrales de la India encarnados en su praxis ética, Vallés se convierte en el escritor más emblemático y premiado del Estado, ganando el máximo galardón de la literatura gujarati durante cinco años consecutivos. Dedica casi cinco décadas a la enseñanza de la matemática en Saint Xavier's College, viviendo durante una década como peregrino, alojándose cada semana con una familia diferente de los barrios pobres de la ciudad. Escribe durante muchos años su página dominical en el diario *Gujarat Samachar*, con una audiencia de cientos de miles de lectores. Redacta los libros de ética que adoptan oficialmente las escuelas del Estado, honor impensable para un europeo que además es jesuita y, por lo tanto, no hindú. Gandhi y Vallés respiran el mismo aire, se empapan sus sentidos de los mismos olores, colores y sabores que componen el lienzo de la vida de una India que lucha por recuperar su identidad nacional. Mientras tanto, desaparecido Gandhi, Vallés es recibido con tanto cariño que hay un dicho en el Gujarat: "cada familia gujarati tiene dos padres, el padre de familia y el padre Vallés" (o, mejor dicho, "*Father Valles*", como se conoce popularmente en la India).

Durante estas cinco décadas Vallés es testigo privilegiado de ese proceso de revolución pacífica que acabó con cerca de dos siglos de dominación británica. A través de sus libros —escritos inicialmente en lengua gujarati y después más tarde en inglés— que expresan el costumbrismo espiritual de la gente más sencilla de la India, elabora un retrato fidedigno de una intrahistoria tan íntima y cotidiana, pero de tanta importancia como para convertir a la India en el primer país exportador de paz en el siglo XX. Quizá resulte extraño para el lector que no conozca la figura de Vallés entender que un pensador cristiano, jesuita de formación y oficio, tenga tanta relevancia social en un país como la India. Hasta el punto de que el primer ministro Narendra Modi reivindicó su figura en varias ocasiones, tanto en ocasión de su fallecimiento, cuando decretó varios días de luto oficial, como en la visita a la India el pasado mes de noviembre de 2024 del presidente del gobierno de España.

La figura de Gandhi a través del testimonio de Kálelkar

Aunque Carlos González Vallés no llegó a conocer personalmente a Gandhi, su vida estuvo profundamente influenciada por las enseñanzas del Mahatma. Fue amigo cercano de figuras como Kálelkar, quien fue uno de los colaboradores más cercanos y leales de Gandhi. Estas relaciones con personajes clave en esta etapa histórica le permitieron a Vallés comprender de manera íntima los ideales y luchas de Gandhi, así como su impacto en la construcción de una India independiente. A lo largo de su vida en la India, Vallés fue testigo de la transformación del país en su proceso de recuperación de identidad nacional tras la colonización británica. Este contexto histórico enriqueció su comprensión de la complejidad y la belleza de la India, algo que se refleja profundamente en su obra literaria.

Para entender el porqué de esta biografía es necesario sacar a la luz la profunda influencia de la figura de Kálelkar. Prueba de ello es que su nombre aparece citado cuarenta y ocho veces en este libro. En su autobiografía *Cada copo de nieve cae en su sitio*, Vallés relata su primer encuentro con él, un episodio que marcará su vida y le unirá para siempre a la figura de Gandhi. Cuando Vallés llegó a Ahmedabad para ocupar la cátedra de Matemáticas para la que se había preparado en Madrás, trabó amistad con el rector de la universidad estatal en Ahmedabad, Umáshankar Yoshi, y él le presentó a un personaje fundamental para entender la figura y el pensamiento de Gandhi. Dattátreya Bálkrishna Kálelkar había sido un estrecho colaborador de Gandhi. A él se debe la concepción y construcción del sistema educativo de una India independiente. Gandhi había sido asesinado el año anterior a su llegada a la India, con lo cual no pudo conocerlo, pero en Kálelkar encontró el vínculo más cercano a su persona y a su obra. Vallés ya le conocía a través de sus libros, y también había publicado artículos sobre él. La oportunidad de conocerle personalmente se presentó un día que Kálelkar había venido a Ahmedabad, y Umáshankar le llamó. Primero presentó a Vallés ante Kálelkar, y luego Kálelkar se presentó a sí mismo con el tradicional saludo indio y una sonrisa en los labios mientras le decía 'Se presenta un candidato al infierno.' Era un hombre de gran cultura que conocía perfectamente la doctrina católica, según la cual no hay salvación fuera de la iglesia, y con su irónico saludo marcaba posiciones frente a la posición de superioridad moral que venía de Occidente. Vallés le contestó instintivamente: 'Si alguien va al infierno seré yo por haberle mandado a usted allí.' De esta manera, se entabló una amistad, sincera y poderosa, que refleja precisamente el deseo profundo de Gandhi sobre el entendimiento entre los seres humanos, basado en el respeto a sus tradiciones religiosas. Los años de amistad con Kálelkar le permitieron a Vallés acercarse al pensamiento de Gandhi a través de uno de los más fieles transmisores de su genuina herencia ética y política. Las anécdotas compartidas de los dos amigos componen un maravilloso manual de diálogo, interreligioso, y de construcción de un sentido de espiritualidad que une más allá de las diferencias religiosas.

Asumiendo el programa de Gandhi para unir a todos los pueblos de la India con sus distintas lenguas, castas, religiones, Kálelkar quería también acercar a hindúes y cristianos con verdadero espíritu ecuménico. Vallés recoge en su autobiografía el enfoque dialogante del colaborador de Gandhi, y lo hace con esta reflexión:

En la India se han dado cita todas las grandes religiones del mundo. Tenemos el hinduismo, el budismo, el islamismo, el cristianismo, el judaísmo, el jainismo, el sikhismo, el zoroastrianismo y las religiones aborígenes, además de agnósticos y ateos (…). Por eso tenemos la responsabilidad de trabajar por conocernos, entendernos y acercarnos. Si no lo hacemos nosotros, no lo hará nadie. Y podemos hacerlo con toda facilidad, porque aquí todos somos vecinos (...) Basta con salir a la calle. Lo que pasa es que si les dejamos a los teólogos de cada religión que discutan la materia, ellos nunca se van a poner de acuerdo. Predican doctrinas distintas y cada cual se aferra a la suya y no hay salida. Pero hay otro camino. Los místicos. Los místicos los hay en todas las religiones, y ésos sí que hablan el mismo lenguaje porque han encontrado al mismo Dios que no es más que uno. Por eso el verdadero ecumenismo pasa por la mística, y si no somos místicos nosotros, podemos al menos estudiar a nuestros respectivos místicos y acercarnos de su mano.[1]

En esta misma obra, *Cada copo de nieve*, Vallés relata otra anécdota que nos permite entender la importancia de esta relación con Kálelkar y su devoción por el entendimiento más allá de las diferencias. Tras de la muerte de éste en 1981, se instituyó en Delhi en su memoria un premio que se llamó *Acharya Kakasaheb Kalelkar Award for Universal Harmony (Premio Maestro Kakasaheb Kálelkar de Armonía Universal)* y se concedía cada año a un personaje de dentro o fuera de la India que hubiera contribuido a la *armonía universal*. Como su propio nombre indica, estaba destinado a reconocer el trabajo en pro de la convivencia de las diversas razas, lenguas, culturas, y religiones en distintos países del mundo. El año 1995 se lo concedieron a Vallés. Este premio significó para él más que los premios literarios que había recibido anteriormente,

---

1   Vallés, Carlos G. (2022). *Cada copo de nieve cae en su sitio*. Ed. Carena. pp. 248-249.

ya que reconocía su trabajo de unidad y concordia en la India. Su testimonio es clarificador:

Español en la India, matemático en la literatura, cristiano en medio del hinduismo, huésped de tantos hogares en mi peregrinación ciudadana, y viajero de tantos países en mis itinerarios globales. Mi vida estaba hecha de puentes. Me bastó con dejarme llevar para abrazar el mundo, y llevé a todas partes los ojos bien abiertos para aprender, la mano extendida para hacer amigos, la sonrisa del alma para sentirme a gusto con los demás y que todos se sintieran a gusto conmigo. *Armonía Universal* suena muy poético, muy musical, muy utópico en vista de cómo va el mundo, pero es precisamente expresión delicada para referirse a todas las causas nobles de unidad en el mundo sin nombrar específicamente a ninguna.[2]

Vallés recibirá más adelante otras distinciones. El premio *Ramakrishna Jaidalal Harmony Award* en 1997, y el Premio *Santokbaa Humanitarian Award* en 2015 junto con el Dalai Lama por su contribución a la cultura de la paz y el entendimiento entre religiones. En 2021 se cierra esta larga lista de reconocimientos con la concesión del ya citado *Padma Shri Award*.

---

2   *Ibídem*, p. 582.

La India como crisol de creencias: la construcción del diálogo interreligioso

La India, con su vastedad y diversidad, es tanto un desafío como una escuela para quienes desean comprenderla. La fe hindú, el islam, el jainismo, el sijismo, el cristianismo y tantas otras corrientes espirituales conviven en su seno, no sin tensiones, pero también con una riqueza que pocas naciones pueden igualar. Gandhi, hijo de esta tierra compleja, supo extraer de esa pluralidad una filosofía de inclusión que buscaba superar el sectarismo y los conflictos religiosos y políticos mediante el respeto y la empatía. Su vida fue un testimonio vivo de cómo la fe y las creencias religiosas, lejos de ser factores de división, pueden convertirse en un poderoso catalizador para la paz.

Vallés, desde su profunda pero abierta fe cristiana y su compromiso con el diálogo interreligioso, encuentra en Gandhi una figura que supera las divisiones confesionales para hablar al corazón universal del ser humano. La conexión entre ambos va más allá del retrato fidedigno de una trayectoria vital, sino que es el punto de encuentro de dos almas afines que, aunque separadas por un suspiro del tiempo y la circunstancia orteguiana, comparten una visión común: la creencia inquebrantable en la bondad humana, el entendimiento entre las religiones y la posibilidad de un mundo mejor a través de una ética de la no-violencia. Es en este contexto que la biografía de Gandhi por Vallés adquiere una relevancia especial. No es simplemente un recuento de hechos o una narración cronológica, sino un profundo encuentro entre dos visiones del mundo que se enriquecen mutuamente. Vallés, con su pluma clara y su visión penetrante, nos lleva más allá de la superficie de los eventos históricos para adentrarnos en el corazón de las motivaciones, los dilemas y las esperanzas de Gandhi. A través de sus palabras, el lector no solo se acerca de forma fidedigna al Mahatma (etimológicamente, *alma grande*), sino que también se siente interpelado a vivir con mayor autenticidad y compromiso esta apuesta por la no-violencia, la austeridad y la humildad.

Carlos G. Vallés, conocido cariñosamente como *Father Valles* en la India, entendió desde el principio que el diálogo interreligioso es una necesidad urgente en un mundo fragmentado por el fanatismo y la incomprensión. Al igual que Gandhi, Vallés abogó por una espiritualidad que trasciende las etiquetas y busca lo esencial: el amor, la verdad y la justicia. En su vasta obra literaria, que abarca temas desde la espiritualidad hasta las matemáticas, siempre hay un hilo conductor que remite al valor de la convivencia pacífica y al respeto mutuo. Vallés vivió en Ahmedabad durante casi medio siglo, inmerso en la realidad de una India que se reencontraba consigo misma, y este contacto directo con la historia en movimiento le permitió desarrollar una perspectiva única sobre los desafíos y logros de la nación.

La tolerancia religiosa es un tema central en la vida de Gandhi, y Vallés lo aborda con la profundidad y el respeto que merece. En una época en la que las tensiones religiosas siguen siendo una de las principales fuentes de conflicto en el mundo, el mensaje de Gandhi cobra una actualidad urgente. Para él, la religión no era un fin en sí mismo, sino un medio para alcanzar la verdad. "Todas las religiones son verdaderas", solía decir, enfatizando que cada una ofrece una vía única hacia lo divino. Este enfoque inclusivo es precisamente lo que Vallés también promueve en su obra y en su vida, recordándonos que la paz solo es posible cuando somos capaces de ver lo sagrado en el otro.

Además de la tolerancia religiosa, el diálogo como praxis y método de resolución de conflictos fue otro de los pilares de la filosofía de Gandhi. Su capacidad para escuchar, incluso a quienes no compartían sus ideas, fue clave en su liderazgo. Vallés, como misionero y escritor, también hizo del diálogo una herramienta esencial en su labor. Su conocimiento del gujarati, la lengua materna de Gandhi, no solo le permitió acercarse más a la cultura india, sino también establecer un puente genuino entre Oriente y Occidente. En este sentido, Vallés no es solo un biógrafo en el sentido etimológico de *escritor de vidas*, sino también un constructor de caminos que nos invitan a cruzar las fronteras que nos separan. En el terreno del diálogo interreligioso hay una tácita complicidad entre Gandhi y Vallés. Ambos son testigos de una fe que no se encierra en sí misma, sino que se abre al mundo con valentía y generosidad. Ambos comparten la convicción de que el cambio comienza en el corazón de cada individuo y que, desde allí, se irradia hacia la sociedad. En estas páginas el lector tiene la oportunidad de no solo conocer más sobre Gandhi, sino también de reflexionar sobre su propio papel en la construcción de un mundo más justo y pacífico.

Gandhi construye a lo largo de su vida una apuesta firme por los más necesitados. Cambia así el nombre de su *ashram* por el de *Harijan ashram*, el *ashram de los intocables*. *Harijan* también significa *roto, oprimido o pisoteado*. Es el término asignado a aquellos que por la impureza de su origen o la contaminación de sus ocupaciones tradicionales reciben la violencia de las castas dominantes que no les permitían tener dignidad ni los derechos humanos más básicos. Son los *dalit*, los miembros más pobres y sin voz de la sociedad India. El término fue inventado por Nagarazimba Metha y popularizado por Gandhi. Esta apuesta por los más marginados le acerca al espíritu del cristianismo, a la apuesta de Jesús por los pobres. Es por ello por lo que el propio Gandhi afirma que si no tuviera en sus manos el Bhagavad Gita como guía de comportamiento, se quedaría sin duda con el *Sermón de la montaña* como modelo de vida. Gandhi conoció el mensaje evangélico y sopesó la idea de convertirse al cristianismo, pero decidió no bautizarse, a pesar de la insistencia de sus amigos cristianos. Incluso consultó en Bombay a Gopálkrishna Gókale, el intelectual hindú más respetado en la India, y que le contestó que el cristianismo era una gran religión, pero que no había por qué convertirse a ella ya que todas las religiones llevan a Dios. Decidió que lo mejor es apreciar y respetar las religiones de los demás, aprovechando sus elementos más positivos, pero manteniéndose fiel a la tradición personal que le une a uno con la comunidad a la que pertenece. No ve necesaria ni conveniente la conversión, ya que ello significa renunciar a toda una dimensión comunitaria que va más allá del propio ámbito de la religión. Si puedes llegar a la verdad sin separarte de los tuyos, reinará una mayor armonía en tu interior, y también en el mundo. Pero para ello es necesario rechazar el presupuesto de la superioridad de una religión sobre otra, empezando por la propia.

Quien haya leído las dos autobiografías de Vallés, *Cada copo de nieve cae en su sitio* y *Cambio, luego existo*, se dará cuenta de que el biógrafo de Gandhi refleja esa misma preocupación. Hasta el Concilio Vaticano II, la Iglesia católica defendía que no hay salvación fuera de su seno. Las misiones frecuentemente establecían una relación causa-efecto entre caridad y conversión. Así nace el término cristianos de arroz, que eran aquellas personas a las que se les empujaba a convertirse a cambio de ayuda y alimento. Esta práctica proselitista generó en la India una de las críticas más fuertes a la religión cristiana, pues se consideraba una forma de violentar la conciencia. Felizmente hoy en día las cosas han cambiado, y en parte gracias a pensadores cristianos como Carlos G. Vallés, que tiene muy claro que toda labor social debe partir del respeto profundo por las creencias ancestrales y comunitarias de las personas a las que se les ofrece ayuda. La madre Teresa de Calcuta también estaba en contra de ese proselitismo al entregar su vida al servicio de los más necesitados, en lugar de bautizar *infieles*, simplemente predicando con el ejemplo.

Una invitación a la paz

Al sumergirse en esta biografía, el lector descubrirá no solo detalles de la vida de un hombre extraordinario, sino también la voz de un hombre que dedicó su existencia a buscar la paz y compartir la verdad a través de la comprensión mutua y la tolerancia religiosa. Carlos G. Vallés fue testigo de una India que luchaba por redefinir su identidad después de siglos de dominación extranjera. Sus escritos reflejan las esperanzas, los logros y las contradicciones de un país que buscaba equilibrar la modernidad con sus profundas raíces culturales. Su amistad con figuras clave de la India post-independencia, estrechamente vinculadas a Gandhi, le permitió ofrecer una perspectiva única sobre los desafíos que enfrentaba el país. Vallés no solo observó estos cambios, sino que participó activamente en ellos a través de su compromiso con la educación, el diálogo y la promoción de valores universales. Por ello ofrece aquí al lector un fidedigno retrato de Gandhi que es, al mismo tiempo, un espejo en el que podemos reconocer nuestros propios anhelos y desafíos. Es el retrato de la India como un laboratorio en el que a través de una alquimia espiritual se encuentra la salida a las injusticias y las opresiones sin apelar al derramamiento de sangre. Una ética que valora y busca la igualdad cuando la diferencia nos inferioriza, pero que afirma la diferencia cuando la igualdad nos descaracteriza. Por esa razón Gandhi veía en la diferencia no ya una amenaza, sino una oportunidad de encuentro. Como en un archipiélago, un conjunto de islas paradójicamente unidas por aquello que las separa (el mar), también los seres humanos estamos unidos en nuestra diferencia. Respetar todos los acentos, todas las formas de sentir y pensar, es sembrar paz y comprensión. Este fue el leitmotiv de Gandhi, el sueño que él deseaba para una India reencontrada consigo misma tras casi dos siglos de forzada alienación. Y esta ética de la paz es la gran enseñanza de la India al mundo. Que este prólogo sea, entonces, una invitación a la paz, al diálogo y a la acción, inspirados por dos figuras que, desde diferentes tradiciones culturales y confesiones religiosas, nos llaman a construir un mundo más luminoso y fraterno a través de una ética de la no-violencia.

Javier Bustamante Donas
Presidente del Patronato de la Fundación González Vallés

LA OTRA OPCIÓN

En nuestros días se ha producido un hecho insólito.

Olvidado por la breve memoria de las gentes, recordado por una película llena de Oscars que a unos parecía ficción y a otros hizo llorar, afirmado por la realidad histórica de la mayor democracia del mundo, se ha producido en nuestros días un hecho claro, profundo y aleccionador que ha cambiado ya la historia y puede volver a cambiarla si se aprende su lección actual y decisiva. Ese hecho es la independencia, por medios puramente pacíficos, de un país extenso, inmemorial, lleno de razas y de climas, de tradición y de historia, de belleza y de pensamiento: la India vital y milenaria. Hecho inédito e insólito, pero real y definitivo. Hasta aquel momento todas las independencias (y España lo sabe bien desde México hasta Cuba) se producían a cañonazos. Desde entonces decenas de países en todo el mapa del mundo han conseguido la independencia en conversaciones y tratados. La divisoria fue la India. El artífice fue Gandhi.

Gandhi probó que la no-violencia es práctica, consigue resultados, libera países. Gran teorema. Benéfica lección. Gandhi propuso y demostró la eficacia de la no-violencia, el valor de la resistencia pacífica, la superioridad de la lucha moral. A los impacientes que arguyen (y argüían contra él) que la única manera de conseguir objetivos tangibles es la lucha violenta, el secuestro y la bomba, Gandhi les quitó el argumento de las manos con la prueba que ya es historia de una causa imposible ("hacer —como se mofó Churchill— que la corona inglesa pierda su más preciada joya") conseguida sin disparar un tiro. Quizá por eso los impacientes de hoy no tienen tiempo para leer a Gandhi. Quizá por eso la sociedad moderna se está resignando con tristeza fatalista a la violencia. Quizá por eso hay que presentar en un libro breve, claro y directo el hecho base de realidad y de esperanza. En un mundo cada vez más violento un hombre ha propuesto con garantía de experiencia nacional la alternativa a la violencia. Merece la pena conocerla.

LA LECCIÓN NÚMERO CUATRO

Enmarco el libro en una anécdota personal y real. Me encontraba yo en casa de una familia en la ciudad de Ahmedabad, mi residencia hace muchos años. Ahmedabad es la ciudad principal del estado del Gujarat en la India, y el Gujarat es el estado en que Gandhi nació y desde el que lanzó su gran carrera nacional y universal. Su lengua materna era el gujaratí, y su carácter, típico y esencialmente gujaratí. El vivir en su tierra y el aprender su lengua es lo que me hizo interesarme en su persona, me ayudó a poder consultar sus escritos originales y, con el paso del tiempo, me llevó a escribir este libro.

En Ahmedabad vivía yo de casa en casa como huésped ambulante con familias hindúes que me invitaban, me mantenían y me cuidaban con esa hospitalidad oriental que el occidente ni siquiera se imagina. Así me encontré yo el día de esta anécdota en la casa de aquella familia hindú, sentado cómodamente con las piernas cruzadas sobre el suelo, escribiendo algo, como siempre, mientras el dueño de la casa leía algo a mi lado y dos chicos pequeños, sentados en el suelo como yo y apoyados en la pared de enfrente, hacían sus deberes de colegio. Nadie molestaba a nadie, y cada uno seguía su trabajo sin preocuparse de las demás personas en el cuarto. El trabajar a puerta cerrada no se estila en la India, y la capacidad de concentrarse en medio de ruidos y trajín es patrimonio nacional. Los dos chicos pequeños que estaban haciendo sus deberes se consultaban el uno al otro de vez en cuando, trabajaban ensimismados en su tarea, y ni siquiera se percataban de que yo estaba sentado enfrente de ellos y los observaba con cariño. En esto uno de ellos le preguntó a su compañero: "¿Quién era Gandhi?", y a mí se me pusieron las orejas de punta al oír la pregunta. Comprendí al momento la situación. Entre otras tareas que tenían que hacer aquel día, el profesor les había mandado escribir una breve redacción sobre Gandhi. Era parte de la lección. Había problemas de matemáticas, había preguntas de gramática... y había en su texto de historia una lección sobre Gandhi, y hoy tenían que preparar un breve trabajo sobre ese tema. Se habían consultado mutuamente al ir haciendo los deberes, habían cotejado sus respuestas a los problemas, sus métodos y sus soluciones y ahora, al llegar a la lección de historia, uno de ellos le pidió ayuda al otro con una pregunta directa. ¿Quién era Gandhi? Yo los observaba atentamente. El primer chico había cerrado un cuaderno y abierto otro. Se disponía a atacar la lección de historia. El segundo estaba todavía con otro cuaderno, oyó la pregunta de su compañero, y sin levantar siquiera la mirada ni distraerse en absoluto, contestó enseguida: "¿Gandhi? Lección número cuatro". Y los dos siguieron trabajando.

Yo fui quien no pudo seguir trabajando. Aquel breve diálogo había interrumpido mis ideas. ¿Gandhi? –Lección número cuatro. Eso era todo lo que esos niños sabían sobre Gandhi. Y eso allí mismo, en su patria, en su región, casi en su pueblo. Al preguntar y contestar habían usado la misma lengua que allí mismo había usado Gandhi: el gujarati. Sus padres habían sido contemporáneos de Gandhi, casi con seguridad lo habían visto en persona, lo habían oído hablar, habían leído sus noticias en el periódico, se habían estremecido con su muerte. Para ellos Gandhi era un personaje vivo y real que había pisado la tierra que ellos pisaban, había respirado el aire que ellos respiraban y hablado la lengua que ellos hablaban. Para sus hijos Gandhi ya no era nada de eso. Era sólo un personaje de la historia, una memoria del pasado, una lección del libro de texto. Era un tema que se estudia, se aprende de memoria, se condensa en una redacción. Una pregunta en el examen, un capítulo en un libro, una página en los deberes. Lección número cuatro. Quizá en el mismo libro había una lección sobre Alejandro Magno y otra sobre Napoleón. Y allá entremedio Gandhi. Uno de tantos. Para esos dos niños aplicados e inocentes, Gandhi, en su misma patria y en su mismo tiempo, había dejado de ser un personaje vivo y había pasado a ser una página en el libro de texto. Y ellos no se percataban de la pérdida.

Precisamente, la importancia de Gandhi para nosotros es que es actual. Vivió los problemas que vivimos nosotros: la violencia, la pobreza, la opresión. Luchó por los grandes ideales por los que luchamos nosotros: la libertad y la igualdad, la unión y la dignidad, el bienestar individual y el progreso social. Y, sobre todo, sigue siendo actual, importante, necesario por la gran lección de su vida que es la gran necesidad de nuestro tiempo: la fe, que él hizo realidad demostrada, que las grandes batallas, aun a nivel de historia universal, pueden ganarse sin ejércitos y sin guerra, que la fuerza fundamental y definitiva es la moral, que la libertad no se consigue con violencia, que lo que él llamó con neologismo atrevido "agarrarse a la verdad" (*satyagraha*) y llenó de sentido con su ejemplo, es el único método, heroico y paciente pero eficaz e infalible, de obtener resultados duraderos de paz y de justicia. Gandhi vive anónimamente en toda protesta pacífica, en todo movimiento sin violencia, en toda reivindicación justa. Si ahora convertimos esa presencia anónima en consciente, si volvemos a descubrir a Gandhi y estudiar su persona y aprender sus métodos, y los aplicamos a nuestros problemas, podemos beneficiarnos, primero nosotros mismos, y luego la sociedad y el país.

Merece la pena estudiar a Gandhi. Vamos con la lección número cuatro.

EL ABOGADO TÍMIDO

Memorias de un estudiante:

En la escuela memoricé con dificultad algunas tablas de multiplicar. Lo que sí aprendí bien con otros chicos fue a ponerle motes al maestro, y no me acuerdo de ninguna otra cosa. Yo mismo concluyo que mi inteligencia era mediocre, y mi memoria frágil, como una galleta.

Luego, en el colegio:

Aquí algunas asignaturas las explicaban en inglés (mientras las demás seguían en gujarati). Yo no entendía ni palabra. En geometría no logré pasar del teorema 12 de Euclides, el profesor tenía fama de explicar bien, pero yo no entendía nada. Me desesperaba con frecuencia.

Y ya en la universidad:

Aquí sí que no entendía absolutamente nada. En clase ni me enteraba de lo que pasaba, ni tenía interés ninguno en ello. La culpa no era de los profesores, sino mía. Yo estaba muy verde.

En el Shamaldas College de Bhavnagar, en el estado del Gujarat en la India, se conserva el registro con las notas del examen del primer semestre de primero de carrera el año en que se examinó ese estudiante. Yo he visto ese registro con mis propios ojos. Entre una serie de nombres hoy olvidados, escritos a mano con letra muy igual, está el nombre completo del estudiante cuyas memorias acabo de citar. Mohandas

Karamchand Gandhi. Y tras ese nombre en cuatro columnas los resultados de los cuatros exámenes que había dado. En el primero, aprobado; en el segundo, suspendido; y en el tercero y cuarto... una A mayúscula: ausente. El resultado de su primer examen en la universidad confirmaba la opinión que aquel estudiante tenía de sí mismo.

En el segundo semestre de aquel mismo año, la familia de ese estudiante se encontró con la posibilidad de enviarlo a Inglaterra a que continuase allí sus estudios. Antes de tomar una decisión le consultaron sobre esta posibilidad. He aquí su respuesta:

> Me parece magnífico que me mandéis a Inglaterra este mismo año. Porque... aquí, de todos modos, seguro que no apruebo.

¡Buena razón para ir a Inglaterra! Aquí seguro que no paso, de modo que enviadme lejos, al extranjero, y ya veremos cómo me las arreglo allí. Por lo menos el peligro próximo se conjura. El sistema del escape. Evitar la crisis marchándose lejos de ella. Exactamente lo contrario de lo que ese estudiante hará cuando sea mayor: no escaparse de la crisis, sino atacarla de frente y vencerla. Mucho habrá de cambiar para llegar a esa nueva actitud. Por ahora sigámosle en sus vicisitudes de estudiante.

No sólo era de mediocre inteligencia sino, también, por confesión propia, enclenque de cuerpo y tímido de carácter. Tan tímido que, a pesar de gustarle mucho el críquet como a todos los chicos indios, no jugaba nunca porque para jugar tenía que juntarse a otros y hacer equipo, y eso no se lo permitía su timidez. Extraña cualidad en quien un día se enfrentará con virreyes y dirigirá multitudes. Su timidez le acompañó muchos años. De vuelta de Inglaterra, y con el título de abogado, se inscribió en la audiencia de Bombay para ejercer su profesión y ganarse la vida... pero no duró mucho. He aquí la experiencia de su primer pleito contada con la sencillez y sinceridad que le caracterizan:

Fue la primera vez que entraba yo en la audiencia. Actuaba de abogado fiscal y tenía que interrogar al acusado. Llevaba las preguntas preparadas en un puro interrogatorio rutinario. Me puse de pie y me empezaron a temblar las piernas. La cabeza me daba vueltas, y a mí me parecía que era la sala la que daba vueltas. No pude hacer ni la primera pregunta. Quedé de pie, mudo y temblando como una hoja. El juez se debió reír, y los abogados se divertirían a costa mía. Pero yo ni veía ni oía nada. No sabía ni dónde estaba. Por fin me senté. Le dije a mi cliente que no podría representarlo, y le devolví los honorarios que me había dado. Después salí de allí como alma que lleva el diablo. No sé si mi cliente ganó o perdió. Yo estaba muy avergonzado. Tomé allí mismo la determinación de no volver a la audiencia hasta no cobrar confianza en mí mismo. Determinación por otra parte innecesaria ya que nadie iba a requerir mis servicios cuando el encargarme a mí un pleito era lo mismo que perderlo. Así empecé mi carrera.

Así empezó su carrera Gandhi. El estudiante mediocre y el abogado tímido. Esa es la historia de los valiosos años de su juventud tal y como la cuenta él mismo. Al repasar su vida con la serenidad y el humor que le dieron los años y el triunfo, resumió así su situación de entonces: "Me encontraba yo como una chica recién casada que acaba de ir a vivir a casa de sus suegros". En la India sigue rigiendo el sistema de la llamada "familia conjunta", es decir que toda joven que contrae matrimonio pasa a vivir a casa de sus suegros. La poca edad, la nueva experiencia del matrimonio y la delicada situación de tener que vivir con sus suegros y cuidarse de ellos hace de la recién casada una imagen proverbial de timidez, cortedad y aturdimiento, que es la que escoge Gandhi divertidamente para describirse a sí mismo. "Como una recién casada viviendo con sus suegros." Si no lo hubiera dicho él, nadie lo habría creído. Y la sinceridad en descubrirnos su pasado nos hace pensar al considerar nuestro presente. Gandhi llevaba escondida en su alma en aquellos años tímidos, escondida incluso de sí mismo, la energía y la grandeza que le llevarían a ser padre de una nación. Y la energía estaba latente. Nadie, y menos que nadie él mismo, podía haber adivinado en aquellos años el gigante que se escondía en aquel niño enclenque, en aquel abogado asustadizo. Si la historia no lo hubiera despertado, si las circunstancias no hubieran desentumecido al genio, quizá Gandhi habría seguido perdiendo pleitos y rehuyendo multitudes. La historia de la India habría sido diferente y nadie se acordaría hoy del pequeño abogado de Porbandar.

Los psicólogos nos advierten de que tenemos mucha mayor capacidad de la que llegamos a desarrollar en toda nuestra vida. Todos podemos hacer mucho más de lo que hacemos. Una persona ordinaria no llega a usar más del diez por ciento de sus facultades, y quien usa el veinte por ciento es un genio. Desconocemos el arte de hacernos valer a nosotros mismos, de utilizarnos a fondo, de vivir a tope. Llevamos vidas mínimas, pequeñas, rutinarias. Usamos tan solo una ligera fracción de nuestro presupuesto vital. Nos atascamos en el teorema doce de Euclides o en el primer pleito. Y ya no salimos de allí. Los ejemplos de genios predestinados desde la cuna tampoco nos ayudan a despertar. Eran distintos de entrada, y a nosotros sólo nos toca admirarlos desde lejos. En cambio en Gandhi tenemos un personaje cercano, gemelo, casero. No tocaba el violín a los dos años ni sabía de memoria el listín de teléfonos a los cinco. Creció hasta bien tarde con mediocridad tranquilizante. Y en su desarrollo nos descubre el camino y el secreto del desarrollo personal, del crecimiento íntimo, del sacar partido a nuestra propia vida. No se trata de hacerse un *mahatma* como Gandhi, pero sí de movilizar todos los recursos personales, de emplearse a fondo, de vivir al máximo. Sencillamente, de despertar. Vamos a ver cómo despertó Gandhi.

VIVIR CON HONRA

Al describir el episodio que sigue, Gandhi dice que "ese fue el que cambió el derrotero de mi vida". Después de su fracaso como abogado en Bombay, Gandhi volvió a Porbandar, su ciudad natal, en espera de que se presentase algún trabajo para seguir viviendo. Allí se encontró con que su hermano tenía un problema. El administrador inglés de la región estaba predispuesto en contra suya, y era urgente e importante para el hermano de Gandhi volver a ganarse su favor. Dio la casualidad de que durante su estancia en Inglaterra, Gandhi había conocido y aun trabado cierta amistad con aquel inglés que ahora era administrador de Porbandar. Su hermano le propuso que se aprovechase de aquella amistad para ir a verle y quitarle la mala impresión que tenía. A Gandhi no le agradó nada la propuesta, pero su hermano insistió y tuvo que ir. Esta fue su experiencia contada con sus mismas palabras:

No pude decirle no a mi hermano. Contra mi voluntad fui a ver al administrador inglés. Yo tenía plena conciencia de que no tenía ningún derecho a pedirle un favor al administrador, y de que al hacerlo así hería a mi propia dignidad. Pero fui. Le pedí hora y me la dio. Me presenté en su casa y le recordé nuestra amistad de Londres. Bien pronto caí en la cuenta de la diferencia entre Londres y Porbandar, entre el amigo inglés de permiso en su país y el administrador del imperio en su trono colonial. Él reconoció mi amistad, y al mismo tiempo se le endureció el rostro y el acento. Leí su pensamiento en sus ojos: "¿No habrás venido tú ahora a aprovecharte de esa amistad, eh?". Eso es lo que su mirada me decía bien claramente. Y a pesar de verlo abordé el tema. El señor se impacientó. "Tu hermano es un intrigante. No quiero que me hables de ese asunto. No tengo tiempo. Si tu hermano quiere decir algo, que haga una petición oficial por escrito, como debe hacerse." La respuesta era bien clara y definitiva, y yo debería haberme conformado con ella. Pero el que pide no reflexiona. Me cegué y continué insistiendo en la petición. El administrador se levantó y me dijo: "Ahora haga usted el favor de marcharse".

Yo me resistí: "Escúcheme usted hasta el final".

Él se molestó muchísimo, llamó a voces a su criado y le ordenó en hindi: "Llévate a éste inmediatamente". El criado llegó corriendo, dijo "a sus órdenes", y me agarró con las dos manos. Yo aún seguía hablando y forcejeando, pero él era más fuerte que yo, me llevó a empujones hasta la puerta y me echó a la calle. Yo quedé destrozado, avergonzado, humillado.

Tan furioso salió Gandhi de aquel encuentro que quiso llevar a los tribunales al administrador inglés por la manera como se había portado con él. Todos le dijeron que era locura intentarlo, pero él no se convencía. Llegó a pedir consejo a una importante figura política, Sir Firozsha Mehta, quien le envió el siguiente recado:

Decid a Gandhi que es un novato. Aún no conoce el poder del imperio británico ni la insolencia de sus administradores. Si quiere vivir en paz y ganar cuatro cuartos, que se calle y se olvide del asunto.

Ese consejo [continúa Gandhi] me supo a veneno amargo. Pero no tuve más remedio que tragarlo. No me olvidé del insulto, pero saqué una buena consecuencia de él. Me propuse a mí mismo que nunca jamás volvería a ponerme en semejantes circunstancias, y nunca volvería a recomendar a nadie. Fue un propósito firme que nunca he quebrantado. Aquella humillación cambió el derrotero de mi vida.

El amor propio, la dignidad propia, el respeto a sí mismo se habían despertado en Gandhi. Había aprendido por experiencia propia el resultado de rebajarse ante otros, había probado la vaciedad de la intriga, la adulación, la recomendación. Había recobrado el honor. Y en ese recobrar Gandhi su honor, se anunciaba ya el despertar de todo el país. Era el primer aldabonazo de la libertad. Aquel había sido el primer encuentro directo de Gandhi con el poderío inglés. Y ahí comenzó también la reflexión que le llevaría un día a derrocar a ese poder.

Escribe Gandhi:

Desde luego que yo hice mal en presentarme a rogar ante el administrado como lo hice. Pero también él hizo mal en portarse conmigo como se portó. Su indignación, su ira y su insolencia no guardaron proporción ninguna con mi delito. No tenía derecho a echarme de su casa a empujones. Eso no lo hace ninguna persona civilizada. Pero por lo visto lo podía hacer un inglés en la India. Estaban emborrachados con el poder.

Gandhi tuvo y conservó siempre un gran respeto por los ingleses. Aun al luchar contra ellos lo hizo siempre con delicadeza, con cortesía, con verdadero aprecio. Pero su aprecio no le impidió ver la injusticia, la soberbia, la insolencia del colonialismo que sufría el país. No puede vivir así persona que se respete. Había que acabar definitivamente con tal situación. Pero no por la fuerza, por la influencia, por la intriga. Eso ya lo había aprendido Gandhi por su propia experiencia. La respuesta a la pregunta aún se haría esperar. Pero la pregunta había surgido ya. En la mente de Gandhi se había formulado ya el problema definitivo. Cómo vivir con honor en el plano personal y en el nacional. Esa es la empresa que llenará la vida de Gandhi.

Entretanto surgió una oportunidad excepcional. Un amigo de la familia que tenía negocios en Sudáfrica necesitaba un abogado allí, y se pensó en enviar el joven Gandhi. No dejó constancia de cuáles fueran sus sentimientos al ir de abogado a Sudáfrica, pero yo me imagino que serían semejantes a los que tuvo al ir de estudiante a Inglaterra: después de fracasar en casa, ir lejos con la esperanza de triunfar en el extranjero. De hecho, Gandhi llegó a ser un buen abogado en el Sudáfrica y a tener un bufete muy acreditado. Pero consiguió mucho más. Y esa es la historia que aquí nos concierne.

En Sudáfrica se vivía en toda su intensidad y tragedia el problema del color, la segregación racial, el apartheid. Por un lado los blancos, y por otro los mestizos, los asiáticos, los negros. En los autobuses y en los teatros, en los hoteles y en el tren. La separación artificial, absurda, injusta. Y lo más absurdo era que esa situación se toleraba, se admitía, se daba por supuesta. Se había llegado a considerar como normal. La población de color se sometía sin protestas a las mil humillaciones diarias, y lo que aún resulta casi más increíble, los blancos sometían a los demás a indignidades constantes sin el menor remordimiento de conciencia. Una situación insostenible, y sin embargo diaria. Allí entró de lleno Gandhi, y su sensibilidad, ya afilada por sus experiencias anteriores en la India, iba pronto a verse puesta a prueba. La ocasión fue un sencillo viaje de tren.

Gandhi, ya abogado reconocido, cogió el tren en Durban para ir a Pretoria. Llevaba billete de primera y se sentó en un departamento en que viajaba él solo. A las nueve de la noche llegó el tren a la estación de Pietermaritzburg, y allí un blanco entró en el mismo departamento. Al ver a Gandhi llamó al revisor y le pidió que lo echara. El revisor le dijo a Gandhi que se fuera a tercera clase. Gandhi mostró su billete de primera y rehusó moverse. El revisor llamó a un policía armado y echaron a Gandhi por la fuerza. Gandhi se negó a subir a otro vagón. El tren se marchó. Gandhi, con su equipaje, quedó tendido en el andén. Y allí pasó toda la noche. Estos fueron sus pensamientos en aquella noche fría y solitaria, según los recordara él años después:

O luchar o marcharme. Esa fue la disyuntiva que me presenté a mí mismo. Llegar a Pretoria de cualquier manera, acabar el asunto que llevaba entre manos y volverme a la India aguantando lo que hubiera que aguantar. O hacer frente a la situación y luchar. Al fin y al cabo lo que yo había sufrido era bien poco. No tenía importancia en sí mismo; era un síntoma de la plaga del odio al color. Me dije a mí mismo: "Si tienes fuerza y energía úsalas para acabar con la injusticia de la discriminación racial contra los de color. Sufre en ello todo lo que hayas de sufrir, pero no pares hasta alcanzarlo".

Allí estaba la semilla de la no-violencia, de la resistencia pasiva, de la desobediencia civil, de la lucha por el honor, de la independencia de la India. Luchar por sus derechos, no tolerar la injusticia, sufrir lo que haya que sufrir, usar el poder y energía propios, acabar con la plaga de la discriminación racial. Allí estaba todo. Ponerse de parte de la justicia, enfrentarse y aguantar. Y para ello desarrollar en sí mismo y en las multitudes la fuerza moral necesaria para resistir sin violencia, para luchar sin odio, para vencer sin venganza. Gandhi tenía entonces veinticuatro años. Muchos años más tarde un misionero americano le preguntará, "¿Cuál fue la experiencia más revolucionaria de toda su vida?", y Gandhi contestará inmediatamente, "La noche aquella que pasé en la estación de Pietermaritzburg".

Interpongo aquí una experiencia personal que no considero indigna del noble relato que nos ocupa. Hace algunos años pasé yo mes y medio en Sudáfrica. Fui a una gira de charlas invitado por las comunidades indias de allí. Viviendo con ellos y hablándoles en su lengua de ciudad en ciudad en aquella tierra bella, rica y dolorida. Experimenté con ellos los pinchazos del apartheid, todavía en vigor, entonces. No pude cortarme el pelo, porque en la peluquería de blancos podía entrar yo pero no podían entrar mis amigos indios y no quise entrar sin ellos, y en la peluquería de negros no me dejaron entrar mis amigos porque podía haber sufrido molestias; tuve que esperar con ellos a que pasaran tres autobuses casi vacíos que iban a donde queríamos ir nosotros, pero que eran sólo para blancos, y meterme en el cuarto que llegó mucho más tarde e iba abarrotado, pero al que podíamos subir todos; y sobre todo sufrí la indignidad e incomodidad de tener que trasladarme todos los días que estuve en Johannesburgo desde allí a Lenasia a treinta kilómetros de distancia porque a los "asiáticos" con quienes yo vivía se les permitía tener las tiendas en la ciudad pero no vivir en ella, y así peregrinaba con ellos cada mañana y cada noche de ida y de vuelta por la carretera cansada y, así me lo parecía a mí, indignado del éxodo diario y obligatorio de la ciudad "blanca" a todos los de color. Aprendí mucho aquellos días.

Mi gira me llevó a la ciudad de Durban en la costa de la provincia de Natal, que así la llamó Vasco de Gama porque la avistó por vez primera el día de Navidad. Mis amigos me propusieron el programa de charlas, reuniones y visitas para los días de mi estancia en Durban, junto con excursiones de interés. Al examinar el programa noté que se habían dejado una cosa, y se lo dije: "Sé que Pietermaritzburg no está lejos de aquí, y quisiera que me llevaseis un día allá... sólo para ver la estación del ferrocarril". Les sorprendió agradablemente mi petición pues enseguida comprendieron por qué quería yo ir allí, y me dijeron con aprecio: "Es usted la primera persona que viene de la India y pide que le llevemos a Pietermaritzburg. Lo haremos encantados". A mí me halagó su comentario, y allá fuimos un día.

En Pietermaritzburg me esperaba una sorpresa primero agradable y luego... ya lo cuento enseguida. Lo agradable fue que la estación de ferrocarril estaba exactamente como en tiempos de Gandhi, conservada cuidadosamente no por respeto a él, ya que ningún recuerdo había de su paso por ella, sino como modelo típico de la arquitectura "colonial" de la época. El andén curvo, las columnas finas ornamentadas, las taquillas de billetes con marcos grandes de metal labrado, todo muy limpio, muy proporcionado, muy agradable a la vista. Noté que la estación no tenía sala de espera. Gandhi se pasó la noche fría a la intemperie en el andén. Y en aquel andén me puse yo a pasear arriba y abajo en silencio, en reflexión, en memoria callada y tributo ferviente al protagonista de aquella noche fría. La estación estaba casi vacía. No había ningún tren a aquella hora. Nadie en los andenes, y nadie en los bancos de los andenes. Varios de los bancos llevaban la inscripción "Reservado para Primera Clase". Me habían dicho que "Primera Clase" quería decir aún ahora "Blancos". Y precisamente entonces tres negros entraron en la estación y se sentaron en el primer banco que encontraron. Era de los marcados "Primera Clase". Me sonreí sin querer, pero la sonrisa no me duró mucho. Apenas se habían sentado los negros, apareció un empleado blanco y les dijo algo con modales bruscos. Los negros se miraron el uno al otro con una sonrisa desvalida. El empleado insistió en voz más alta. La estación estaba vacía, no había nadie en los bancos, los negros no hacían mal a nadie. Miraron al letrero "Primera Clase". Miraron al empleado. Me miraron a mí, espectador impotente, como si apelasen al sentido común, obvio, natural del mundo entero ante una situación tan absurda. Se levantaron despacio y se fueron a sentar en un banco sin marcar. El empleado se marchó. Yo quedé de pie desconcertado, perplejo, dudando por un momento si aquello era verdad o era una escena representada para evocar el pasado. Pero era bien verdad. Habrían pasado más de ochenta años desde la noche de Gandhi en aquel mismo andén. Y la situación seguía la misma. Por algo he dicho al principio que Gandhi es actual.

LA FUERZA DE LA VERDAD

Gandhi lo llamará más adelante "agarrarse a la verdad" (*satyagraha*). El saber que él tiene razón, que la verdad está de su parte aunque la ley no lo esté, y decirlo, afirmarlo, repetirlo, obrar en consecuencia abiertamente sin dudas y sin miedo, y sufrir todo lo que haya que sufrir sin resistencia activa, sin dureza, sin violencia, con fe absoluta en que la verdad al fin se abrirá paso, se impondrá y vencerá. Es el arma definitiva que se fraguó en la mente de Gandhi a golpes de experiencia en los días difíciles de su noviciado surafricano, y que usaría con éxito irresistible en las causas más grandes.

En otra ocasión, al viajar también en el África del Sur, esta vez en una diligencia, se encontró con el mismo tratamiento y por la misma causa del color. Cuando le quisieron hacer bajar por la fuerza, él se agarró con toda su alma a una barra saliente del pescante y allí aguantó sin moverse. Llovieron sobre él golpes, palos, tirones, insultos. Pero él no se movió. Siguió "agarrado a la verdad", expresando en imagen lo que después expresaría en ese vocablo, viviendo primero lo que había de decir después. Aferrado a la barra, agarrado a la verdad, seguro en su conciencia de tener razón, firme en su determinación de no ceder, de sufrir lo que haya que sufrir pero no soltar la verdad. Se iba formando él mismo en su principio al irlo descubriendo y practicando. Al caer en la cuenta del arma tan sencilla y eficaz que había concebido, comenzó también a cobrar confianza en sí mismo, a adquirir firmeza y convicción, a olvidar su timidez. Tenía una causa por la que luchar: la justicia; y una táctica como hacerlo: la no-violencia. Eso le dio valor y decisión, y transformó su carácter haciendo brotar las cualidades que tenía, pero que hasta entonces seguían latentes por falta de cultivo. Bien pronto dio muestra de las cualidades excepcionales de liderazgo que poseía y que le erigieron en uno de los mayores dirigentes de la historia.

En el mismo viaje, que tan fatídicamente interrumpió en Pietermaritzburg, al llegar a su destino en Pretoria organizó una reunión de los indios de allí y les dirigió un discurso. Así lo comenta él mismo:

> Fue el primer discurso de mi vida. Lo había preparado cuidadosamente. Cogí como tema la verdad. Insistí en que al venir al extranjero la responsabilidad de los comerciantes era mayor que si se hubieran quedado en nuestro país. Sobre todo inculqué que había que olvidar las divisiones entre hindúes, musulmanes, parsis o cristianos, así como entre los que venían del Gujarat, de Madrás, del Punjab, de Sindh, del Kutch o de Surat. Y por fin sugerí que se formase una organización para representar ante el gobierno de África del Sur los sufrimientos de los indios en el país y obtener remedio. El discurso me salió bien y yo mismo vi que hizo buen efecto. Con eso cobré confianza en mí mismo.

El abogado tímido que poco antes no había podido abrir la boca en la audiencia de Bombay se encuentra de repente haciendo todo un discurso ante una multitud. Y el discurso le sale bien. Ahora tenía un ideal, tenía un arma, tenía una misión que cumplir, y eso le daba fe, valor y entusiasmo. Eso le hizo hablar, y le hizo hablar bien. Lo que no pudo hacer el dinero de su cliente en Bombay lo consiguieron los sufrimientos de sus compatriotas en África del Sur. La nobleza de la causa le dio fuerzas. La injusticia le hizo despertar. La necesidad de los suyos le enseñó a luchar. No hay nada como un gran ideal para hacerle valer a una persona. Gandhi se descubrió a sí mismo, se creció, y al trabajar noblemente por los demás se convirtió en el "alma grande" (*mahatma*) que el mundo venera.

En toda su vida Gandhi no dejó de repetir la máxima, "el fin no justifica los medios". El fin de la independencia es justo; pero la violencia no es justa, y por consiguiente él no la empleará ni permitirá emplearla nunca. Si hubiera querido podía haber levantado un ejército con una sola palabra; pero nunca lo hizo. Al contrario, siempre resistió y contuvo a los que querían hacerlo. También insistía en que la no-violencia es el arma de los fuertes, no de los cobardes. Poco valor hace falta para poner una bomba y esconderse. La violencia es el arma del débil, del que no tiene fe en su propia causa y por eso la acelera artificialmente, del que no se fía de la verdad y por eso se erige él mismo en juez y verdugo por su propia cuenta. La no-violencia es la que requiere verdadero valor y coraje y fe y convicción. Aguantar y resistir y esperar y tolerar. Eso requiere una fuerza física y moral, un vigor de cuerpo y de espíritu que no es fácil encontrar. Devolver golpe por golpe es natural, es espontáneo, es universal. Poner la otra mejilla es lo extraordinario. Y ponerla una y otra vez, y no sólo una persona sino un grupo y un pueblo y una nación... es un milagro de fuerza moral. Y eso es lo que consiguió Gandhi.

La base de la no-violencia es la fe en el género humano. En eso está su dificultad y su prestancia. Es fiarse del hombre que es lo más difícil y lo más noble que puede hacer el mismo hombre. Difícil, porque él conoce la debilidad de su raza, y noble porque al fiarse de sus semejantes apela a sus mejores sentimientos, llega a su fondo más íntimo, le da ocasión y le prepara a responder con la misma nobleza con que ha sido abordado. El que ataca a su prójimo no se fía de él, y por eso se apresura a conseguir por la violencia lo que sabe que no conseguirá por el derecho. El que protesta con paz, con perseverancia, con firmeza, proclama con ello su fe en su causa, en la opinión universal y en la conciencia de aquel contra quien protesta. Gandhi conocía al pueblo inglés y sabía que, a pesar de su actitud colonial, dominadora, incluso racista, tenía un fondo genuino de nobleza, de justicia, del *fair play* inglés. Sabía que las autoridades inglesas defenderían las leyes, pero sabía también que si esas leyes no eran justas acabarían por reconocerlo y ceder. A esa labor larga y penosa se dedicó él. No a atacar al adversario, sino a educarlo. No hacerse temer sino hacerse entender. No imponerse a nadie sino dejar que se imponga la verdad. Gandhi siempre mantuvo buenas relaciones con los ingleses aun en los momentos más agudos de la lucha. Los jueces ingleses, aun al condenarlo según las leyes, se levantaban por respeto a él. Y, después de conseguir la independencia, la India siguió en la Commonwealth inglesa como estado independiente pero sin romper relaciones. El respeto mutuo a la larga favorece a todos.

Los métodos de Gandhi son hoy conocidos, aceptados, imitados. Las autoridades hoy saben cómo comportarse ante una manifestación silenciosa, una protesta pacífica, una huelga de hambre. Líderes de multitudes en nuestro tiempo como Martin Luther King viajaron a la India para aprender el arte de la no-violencia en la tierra de Gandhi. Hoy existe un código tácito de conducta para quienes se manifiestan pacíficamente y para quienes tienen que tratar con ellos. Se conoce la táctica y se respeta el método. Pero en tiempo de Gandhi ese modo de protesta era nuevo y desconocido, y tanto los que le seguían como los que se le oponían se veían con frecuencia perplejos y sin saber cómo reaccionar. ¿Será eficaz el método? ¿Cuánto tiempo habrá que aguantar? ¿Se puede meter en la cárcel a quien quebranta la ley pero lo hace con todo respeto, disciplina y delicadeza? ¿Es reo o es héroe? ¿Es culpable o es inocente? El juez que le condena aparece a los ojos del mundo más culpable que el acusado a quien condena. ¿Quién gana y quién pierde? Eran preguntas que no tenían respuesta clara en los primeros días de la campaña de la no-violencia.

La primera 'víctima' de los métodos pacíficos de Gandhi fue la gran figura política y militar del África del Sur de entonces, el general Smuts. Él era el responsable de la paz y el orden en la región cuando Gandhi organizó la campaña de protesta contra el tributo injusto que tenían que pagar los indios y el carné y permiso de trabajo que tenían que llevar siempre encima, cosa que no se exigía a los blancos. El buen general no sabía qué hacer. Comenzó a usar la fuerza y la diplomacia, pero pronto cayó en la cuenta de que, contra tales adversarios, esas armas no valían para nada. Con todo, algo tenía que hacer. Se enfadaba. Se apuraba. Daba órdenes contra Gandhi y luego las anulaba. Llegó a darle su palabra para no cumplirla luego. Se arrepintió. Poco a poco fue conociendo a Gandhi y aprendió a fiarse de él. Años más tarde, cuando Gandhi era ya una figura mundial y algunos de sus admiradores prepararon un volumen de ensayos y estudios sobre él, uno de los artículos en ese libro fue escrito por el proprio general Smuts. En él dijo:

Gandhi para mí era un problema, y su conducta un misterio. Su método de lucha era enteramente nuevo entonces. Mantenía la paz, se fiaba de mí, incluso ayudaba al gobierno y cooperaba con nosotros. Y luego se oponía a las leyes que él consideraba injustas. Yo no sabía qué hacer con él. Me encontraba enfadado, frustrado, desesperado. Él desobedecía a la ley, y hacía que miles de personas la desobedecieran. Pero todo con una disciplina absoluta, sin la menor violencia, con todo respeto y aun delicadeza. ¿Qué iba a hacer yo? Se había quebrantado la ley y, por consiguiente, yo tenía que tomar medidas. Pero no podía meter a veinte mil personas en la cárcel. Yo tenía la obligación de impedirles que violasen la ley, pero ¿cómo iba yo a disparar contra una multitud de gente pacífica que se me enfrentaba con la sonrisa en los labios? Por fin tuve que enviar a Gandhi a la cárcel. Pero eso era precisamente lo que él quería. Esa era su victoria y su éxito. ¿Qué había conseguido yo con meterle en la cárcel? Nada más que hacer el ridículo. Y así fue como, a pesar de tener yo el apoyo completo de la policía y el ejército, y a pesar de la enorme presión que los blancos ejercían en contra suya, no sólo hube de sacarlo de la cárcel, sino que me vi obligado a retirar la legislación que él atacaba.

Fue la primera victoria de la no-violencia. El primer triunfo de la desobediencia pasiva. La primera demostración para el mundo de que la violencia no es el único medio de obtener resultados (de hecho la violencia nunca resuelve problemas, los empeora), de que la alternativa no-violenta es la que resuelve los problemas a la larga y los resuelve a fondo sin dejar residuos de odio ni vestigios de derrota. Durante aquella su primera estancia en la cárcel, Gandhi se ocupó en confeccionar un par de sandalias que regaló al general Smuts. Este las aceptó y las conservó como una reliquia.

Famoso ya por su primera victoria en África, Gandhi fue invitado por los líderes indios a que estudiase la situación política en su propio país. Llegó a la India entre honores de multitud, tomó parte en las reuniones del Congreso Indio y presentó una resolución para condenar el hecho de que a los indios no se les hacía justicia en África. El presidente del Congreso, Dadabhai Navroz, le dijo con dolor y con cariño: "¿De qué te quejas que a los indios no se les hace justicia en África, cuando a los indios no se les hace justicia en la India misma? Ven a trabajar aquí con nosotros, que este es tu verdadero terreno".

Así fue como Gandhi se encontró por fin en la India, y afrontó la tarea enorme de aplicar sus métodos no-violentos al problema ingente de la independencia de su país. No era tarea fácil. Tenía que enfrentarse con la energía de Nehru, la agresividad de Sardar Patel (el 'canciller de hierro' de la India), el militarismo de Subhash Chandra Bose. Todos querían soluciones rápidas, activas, militares. Y Gandhi tuvo que educar a los jefes antes de educar al pueblo. Su misma paciencia sirvió de ejemplo. La única persona a quien Gandhi llamó 'guru' en su vida (y eso sólo en materia de política, pues no reconoció a nadie como guru religioso suyo), Gopal Krishna Gokhale, le aconsejó que dedicase un año entero a estudiar personalmente la situación de la India antes de pronunciarse en ningún sentido. Gandhi aceptó el consejo y pasó un año viajando por todo el subcontinente, informándose y reflexionando. Llegó a la conclusión de que el pueblo quería la libertad, estaba dispuesto a cualquier sacrificio por ella, preferían métodos pacíficos pero nadie sabía cómo podría lograrse eso. Ello era precisamente lo que habría de enseñarles Gandhi.

Cómo consiguió eso Gandhi es precisamente el tema de este libro, y lo iré explicando capítulo a capítulo. Por ahora quiero acabar con una imagen que resume y realza en sí misma la doctrina de la no-violencia, su heroicidad y su eficacia, y el lugar que ocupó en la gran empresa del despertar de la India.

Tomo esa escena de la llamada "Protesta de la Sal", uno de los momentos más geniales de la vida de Gandhi. Estaba ya en marcha la lucha por la independencia. Se dudaba aún de los métodos de Gandhi. Se le pedía que diera una muestra de cómo sus métodos pacíficos podían en verdad resultar eficaces. Él mismo comprendió había llegado el momento de demostrar su sistema de manera que convenciera tanto en Londres como en la India. Y entonces se le ocurrió una idea extraordinaria que bastaría por sí sola para demostrar palpablemente su genio. Fue "la marcha de la sal" o "la marcha de Dandi", como se ha llamado en la historia. Los ingleses mantenían el monopolio de la producción de la sal en la India, y era un delito el que cualquier particular obtuviera sal, aunque sólo fuera cogiendo un puñado de la que se deposita naturalmente en las costas bajas y calurosas de la península indostánica. Eso a pesar de la necesidad tan universal de la sal como condimento elemental en la cocina y como constituyente indispensable del sudor abundante en latitudes cálidas, de su precio inasequible para la mayoría de la gente sencilla, y a pesar también de su significado que, en tradición común a pueblos de desierto, hace de la sal sinónimo de fidelidad y lealtad (no se puede traicionar a aquel "cuya sal se ha comido"), cosa incompatible con recibir la sal de manos de un invasor extranjero. Gandhi, en carta respetuosa al virrey, le informó de todo eso y le hizo saber que en tal día él se pondría en marcha desde su *ashram* de Ahmedabad con un grupo de voluntarios, y cubriría en jornadas a pie durante varios días la distancia hasta Dandi en la costa donde cogería con su propia mano un puñado de sal, bien consciente de que ello contravenía a la ley. La carta se hizo pública, y el mundo entero se puso en estado de alerta. Los medios de comunicación se volcaron, se filmó película de la salida, día a día aumentaban los periodistas que se sumaban a cada etapa, crecía la tensión internacional según la frágil figura del *Mahatma* caminaba incansable hacia la costa. Llegó a Dandi. Se inclinó en la orilla y tomó un puñado de sal en sus manos. Inmediatamente entró en acción toda la maquinaria del imperio británico. Arrestaron a Gandhi y a todos los demás líderes políticos indios que podían haber dirigido un movimiento de masas, pusieron guardia militar en todas las salinas para prevenir cualquier incidente, declararon el estado de alerta en todo el país. Pero Gandhi lo había previsto todo. Como calculó que meterían a todos los líderes políticos en la cárcel, había encargado de antemano a una gran figura femenina, la poetisa Sarojini Naidu, la organización de la acción planeada. Con un cuerpo de voluntarios se dirigió ella a las salinas de Dharasana guardadas por la policía. Los voluntarios, vestidos de blanco y sin arma ninguna, comenzaron a avanzar despacio hacia la entrada defendida por la policía. Según se acercaban la policía los abatía con sus largas porras recubiertas de hierro. Caían uno a uno los voluntarios, y las enfermeras que estaban preparadas los recogían y curaban sus heridas allí mismo en el hospital de campaña que habían improvisado. Una fila de voluntarios sucedía a otra sin interrupción, y la policía continuaba a sangre fría la represión cruenta. Entonces tuvo lugar la escena que describió un periodista americano testigo ocular:

Un sargento inglés estaba llevando a cargo su cometido con tanta crueldad como celo. A quien se presentaba enfrente suyo le pegaba con toda su fuerza en la cabeza y no paraba hasta que su víctima se derrumbaba. Y en cuanto caía uno se volvía a atacar a otro. Alrededor suyo se había formado un círculo de voluntarios desmayados sangrando. En esto se presentó ante él un voluntario *shikh* fuerte y gigantesco. El sargento al verlo cogió la porra con las dos manos y la descargó con toda su alma sobre su cabeza. El voluntario se desplomó con toda la cara ensangrentada. Se acercaron las enfermeras, le pusieron hielo en la cabeza y él recobró el sentido. Se levantó penosamente, sonrió y volvió a colocarse ante el sargento inglés. El sargento había visto todo, resoplando de cansancio y limpiándose el sudor, y al ver al mismo voluntario acercarse otra vez, frunció el ceño, afincó las piernas y levantó la porra con las dos manos dispuesto a golpear. Todos los que lo veían estaban horrorizados, con el alma en un hilo. Pero entonces el corazón de aquel monstruo se ablandó. Poco a poco aflojó las manos. Bajó la porra. Se sonrió como quien no sabe qué hacer y murmuró entre dientes: "¿Quién le vuelve a pegar a ese? Aquí mi porra no sirve para nada. Él es el que tiene valor, y no yo".

Con eso el sargento inglés se cuadró ante el voluntario indio, le saludó militarmente, se puso la porra debajo del brazo, se dio media vuelta y se marchó.

Esa es la imagen perfecta de la fuerza de la no-violencia. La fuerza bruta puede pegar. Pero ¿hasta cuándo? Ante el valor desnudo de un voluntario desarmado no hay armamento que valga. La oposición violenta a la fuerza armada parece a primera vista la única respuesta. Pero de hecho ni es única ni siquiera es respuesta. El choque armado crea una ilusión primera de potencia y dominio; pero a la larga se destruye a sí mismo. La violencia, al encontrarse con la violencia, se crece. El conflicto se agrava y la solución se aleja. En cambio al encontrarse con la no-violencia, la misma violencia se encuentra súbitamente desarmada. No le valen sus métodos ni le sirven sus armas. El sargento acaba por marcharse. Y los ingleses acabaron por marcharse de la India. Se les devolvió a los indios su sal, y se les devolvió su tierra. No hay arma más eficaz que la no-violencia cuando se esgrime con valentía, con coraje, con perseverancia, con fe. Esa fue la demostración de las salinas de Dharasana, y esa fue la demostración de la independencia de la India. Esa fue la gran lección histórica de Gandhi. Y el mundo aun está por aprenderla. Estamos de vuelta en la lección número cuatro.

LÍDER DE LÍDERES

La acción de Gandhi se desarrollaba a la vez en tres frentes simultáneos: la oposición a las autoridades inglesas, la educación en la libertad del pueblo indio, y, quizá lo más difícil y delicado, la cooperación y coordinación de todos los líderes indios. Este último frente es el que más puso a prueba su tacto, su energía, su paciencia, su habilidad de negociar y su capacidad de dominar. En el horizonte político indio brillaban entonces figuras tan distintas, geniales, independientes y populares como Tilak y Gókhale, Nehru y Patel, Jhinnah y Kripalani, y en el horizonte cultural destacaban pensadores y sociólogos como Kishorlal Mashruwala, Swami Anand, Vinoba y Kálelkar. Todos ellos reconocieron a Gandhi como jefe supremo. La gran figura literaria del país, Rabindranath Tagore, le prestó todo su prestigio y todo su apoyo. Gandhi se erigió con autoridad casi natural y con sencillez irresistible en cabeza de todo el país y en líder de todos los líderes. Eso hizo resaltar más que ninguna otra cosa su personalidad extraordinaria.

Gandhi poseía al máximo las dos grandes cualidades de un jefe: la intuición innata para calar a fondo la persona, y la atracción irresistible para hacerse seguir sin condiciones. La mejor manera de apreciar su magnetismo es ver ejemplos auténticos de Gandhi en acción con las mayores figuras de su tiempo en su país, ver cómo se rodeó de la galaxia más brillante de colaboradores valiosos que compartieron sus trabajos y multiplicaron su eficacia. Comienzo por el caso, increíble en su misma sencillez, de su fiel secretario de por vida y compañero inseparable, Mahadev Desai. El relato es de Kálelkar:

Mahadev no conocía a Gandhi personalmente, pero se sintió atraído hacia él y hacia su programa, y aprovechando que Gandhi pasaba por Godhra en el Gujarat, se presentó a él y le ofreció sus servicios. Había comenzado a ejercer de abogado, estaba de vacaciones aquellos días, y pensó en ser útil de alguna manera a la causa de Gandhi y de la India. Le mostró algunos de sus trabajos, un discurso que había escrito en inglés y varias cartas. Tenía muy buena letra, y era muy cuidadoso en todo lo que hacía. La entrevista no duró más de diez o quince minutos. Era la primera vez que Gandhi le veía, y no había ningún conocimiento previo o recomendación de por medio. Pero Gandhi era como un joyero experto que a primera vista cae en la cuenta del valor de un diamante auténtico. Y le dijo sin más: "Puedes quedarte de secretario mío". A Mahadev le cogió eso un poco por sorpresa, pero también él estuvo a la altura del momento y aceptó. Preguntó: "¿Cuándo vengo a encargarme del trabajo?". Gandhi contestó: "¿Venir a encargarte? Ya estás encargado. Comienzas ahora mismo". Mahadev protestó débilmente: "Por lo menos debería pasar por mi casa para despedirme". Gandhi no cedió: " Conmigo no vale el volverse atrás. Ya eres mi secretario. Siéntate que voy a dictarte una carta. Ya esta tarde salimos de viaje.

Eso fue todo. Diez minutos de entrevista. Una oferta. Una entrega. Y una amistad de por vida. Mahadev nunca se separó del lado de Gandhi hasta que murió de ataque al corazón en el palacio de Agha Khan en Poona convertido en cárcel donde aun está su tumba. Fue la mano derecha de Gandhi y su compañero más útil y callado. Se dice que Gandhi lloró a su muerte más de lo que lloró por ninguna otra persona en toda su vida.

Gandhi conocía instintivamente el valor de los medios de comunicación, y su primera preocupación, ya en aquellos tiempos al establecerse en algún sitio, era el establecer una imprenta y publicar un periódico. Yo mismo he visto la máquina antigua y primitiva de imprimir que se conserva como una reliquia en el Fénix Ashram del África del Sur y con la que empezó Gandhi sus campañas editoriales, y he visitado la imprenta *Navjivan* en Ahmedabad, aun hoy, una de las mejores de la India. El episodio siguiente se refiere precisamente al establecimiento de esa importante casa editorial de donde salieron y siguen saliendo publicaciones en inglés, hindi y guharati, portadoras del mensaje de Gandhi a la India y al mundo entero. Gandhi necesitaba un hombre para esa empresa, y su instinto habitual le hizo fijarse enseguida en el hombre ideal para ella: Swami Anand. Yo le conocí en los últimos años de su vida y pude apreciar tanto lo acertado de la elección de Gandhi como lo difícil de hacerle aceptar el cargo de director de una imprenta a un personaje tan independiente y original como Swami Anand. Él, literalmente, no se casó con nadie, ni en el sentido estricto de la palabra pues fue *swami,* aunque muy a su manera, ni en sentido figurado, ya que siempre anduvo por sus caminos de escritor genial, de espíritu libre, de buscador errante de verdad y belleza por los caminos del Himalaya, por la investigación histórica, por la expresión literaria. Sé muy bien lo que hacía él sufrir a los editores con su exigencia meticulosa de perfección tipográfica. A él se dirigió Gandhi y consiguió, como un gran triunfo y no sin dificultad, que aceptase ir a Ahmedabad seis meses para organizar la nueva editorial. Aquí vuelvo a dejar la pluma a Kálelkar.

Swami Anand se entregó de tal manera a su trabajo que parecía un engranaje más en la maquinaria de la imprenta. Soy testigo de cómo trabajaba y hacía trabajar. Su mesa estaba llena de papeles de imprenta, y en medio de ellos un vaso de leche y unos plátanos. Con la mano derecha iba corrigiendo pruebas, y con la izquierda comiendo plátanos. Al acabar unas pruebas tomaba un sorbo de leche, y vuelta a trabajar. Se pasaba tres y cuatro días sin moverse de su sitio ni siquiera para bañarse (¡con el calor de le India!) ni aun para pasar por los servicios. Y dormía unas horas tumbado en el suelo al pie de su mesa.

Así andaban las cosas cuando un día recibió él una carta de Gandhi que estaba por el norte de la India ocupado en sus menesteres nacionales. En ella le decía: "El que se ocupase usted de la imprenta de Navjivan ha sido causa de gran satisfacción y descanso para mí. Espero que todo vaya bien y se encuentre usted a gusto".

Swami Anand se puso a pensar qué significaba aquello. Él no había escrito ni se había quejado de nada ni sabía a qué podía venir aquella carta de Gandhi. De pronto cayó en la cuenta: "¡Es verdad! Yo le prometí a Gandhi trabajar en su imprenta seis meses, y hoy es exactamente cuando se cumplen los seis meses. Ese viejo es más espabilado de lo que parece. Yo ya me había olvidado que había venido aquí sólo para seis meses, pero él no. Fijaros cómo vuelve a engancharme. Con razón dice Kripalani que es un viejo de mucho cuidado.

Y Swami Anand siguió trabajando en Navjivan. Gandhi sabía cómo 'enganchar' a la gente. Con cariño y con aprecio. Algo que valía más que un documento y más que mil firmas. El trabajo consagrado, la fidelidad total, el sacrificio completo. Sus seguidores se olvidaban de fechas, de límites y de condiciones. Puestos a trabajar por él no le dejaban nunca. Habrá otros nombres que sonarán más en oídos internacionales, pero para mí la entrega de Swami Anand a la causa de Gandhi es el tributo más exaltado al atractivo y a la magia de su personalidad excepcional.

A veces, incluso llegó a ocurrir que quienes se acercaban a él con la idea de mirarle por encima del hombro y poder decir después que Gandhi, al fin y al cabo, no era para tanto, quedaban allí mismo prendidos de esa magia y tenían que reconocer que Gandhi no era menos, sino mucho más de lo que se habían imaginado. Esa fue la experiencia de Shankarlal Banker (el trabajador social que aún vive al escribir yo esto), y así es como él me la contó:

Kripalani y yo estábamos entonces en Bombay metidos en plena actividad política y patriótica. Oímos que había venido a Bombay un tal Gandhi que por lo visto quería hacer algo, y se nos ocurrió ir a verle para tomarle la medida. Fuimos a su alojamiento, y allí estaba él sentado en el suelo. Nosotros nos sentamos en sendas sillas como para dominar la situación. Pero de poco nos sirvió. Salimos de aquel cuarto convertidos en ardientes seguidores suyos. No me pregunte usted qué nos dijo porque no me acuerdo, pero algo había en aquel hombre que subyugaba a cualquiera, y que le hacía a uno sentirse feliz de trabajar bajo sus órdenes. Nosotros fuimos a tomarle la medida a él, y él fue quien nos la tomó a nosotros....

Pero quizá el caso más notable entre los seguidores de Gandhi es el de Sardar Patel. 'Sardar' quiere decir jefe, caudillo militar, capitán, y fue el sobrenombre de aprecio y respeto con que toda la India conoció a Vallabhbhai Patel, el abogado de Karamsad, el vice primer ministro de Nehru, el artífice de la unidad de la India frente a algunos maharajás separatistas. Carácter independiente, enérgico, casi altivo, que requeriría más adelante todo el tacto y la autoridad de Gandhi para equilibrar la difícil relación entre Nehru y Patel. En un discurso que Sardar Patel, por lo demás poco dado a la autobiografía, hizo años más adelante en la universidad fundada por Gandhi en Ahmedabad, dejó entrever la lucha personal que acabó por llevarle al lado de Gandhi. Habla Patel:

De vuelta de mis estudios en Inglaterra me dediqué a ganar dinero ejerciendo de abogado. Me interesaba la política, pero no había entonces ningún líder político de altura, y los que había no hacían más que hablar. A un hombre de acción como era yo eso no le decía nada. Al acabar mi trabajo a diario me iba al club de abogados de Bombay, y me pasaba el rato fumando y jugando a las cartas. Si alguna vez venía algún orador a hablarnos, me complacía en reírme de él.

Un día vino Gandhi a nuestro club. Yo había leído algo sobre él en los periódicos. Lo escuché, sí, pero con mi escepticismo de siempre. Lo tomé a broma. Ni siquiera tuve la cortesía de apagar el cigarro, y seguí fumando mientras él hablaba. Eso es casi un insulto en nuestra sociedad, pero ello reflejaba exactamente mi estado de alma en aquel momento. Con todo saqué la impresión de que aquel hombre no se paraba en palabras sino que iba a los hechos. Decidí seguir en observación.

Nunca pensé en sus principios. Ni la violencia ni la no-violencia me decían nada a mí. Pero vi a un hombre que sabía lo que quería y estaba dispuesto a hacerlo, que amaba al país, amaba su libertad, y había sacrificado por ella su vida y todo lo que tenía. Ya no pregunté más. Surgió por entonces el problema del impuesto de los agricultores del distrito de Kheda en el Gujarat, que es el distrito donde está mi pueblo natal, Karamsad, y Gandhi me encargó a mí de todo el asunto. Desde entonces yo me entregué totalmente a Gandhi y le consagré mi vida entera. Algunos me llaman seguidor ciego y me echan en cara que ese no es mi carácter. Yo no me avergüenzo. Cuando me decidí a seguir ese hombre caí muy bien en la cuenta de que tenía que estar preparado porque algún día me escupirían en la cara por su nombre. Y de entonces a ahora no me he arrepentido nunca. Él muestra el camino, y yo le sigo. Tengo fe absoluta en él.

El 'hombre de hierro' convertido en 'seguidor ciego'. El jefe hecho discípulo. El 'sardar' a las órdenes del 'mahatma'. La fuerza y el atractivo de Gandhi se imponían a toda clase de personas. Y lo notable es que Gandhi no tenía cualidades externas que llamasen la atención. Ni atractivo físico, ni elocuencia, ni erudición, ni arte. Pura sencillez, claridad y honestidad. El ideal firme y el ejemplo por delante. Con eso se allegó los más fieles discípulos. Con eso reunió alrededor suyo las figuras más sobresalientes de toda la India. Y con eso las llevó a la victoria final.

Un ejemplo más, el de Kálelkar, heredero intelectual de Gandhi, escritor y educador, brahmán ortodoxo y ecumenista convencido, cuyo testimonio recogí de sus mismos labios en los largos días de amistad que me unieron con él hasta su muerte, hace algunos años. Después de varias vicisitudes críticas en su vida, Kálelkar había llegado a Baroda a encargarse de un colegio de educación nacional a las órdenes del gran educador y patriota Keshavrao Deshpande. Gandhi, que con su visión universal y profunda quería establecer una universidad nacional en Ahmedabad, pidió a Kálelkar que se encargara de ese proyecto; éste aceptó, fue a Ahmedabad y empezó a trabajar con Gandhi. Por entonces Gandhi tuvo que marcharse a Champaran, en el norte de la India, y Kálelkar quedó con su trabajo. Pero había dejado pendientes algunos asuntos en Baroda, y volvió allí solo para cuatro días contados. Alguien le informó a Gandhi de ello, y Kálelkar recibió enseguida una dura carta de Gandhi en que le decía secamente: "No se puede servir a dos causas al mismo tiempo. O te quedas conmigo o te vuelves a Baroda". A Kálelkar le dolió mucho esa carta. Inmediatamente le escribió a Gandhi explicándole todo y renovando su compromiso sin condiciones. Pero al mismo Kálelkar no le pareció bastante el dar garantía con sólo palabras, y decidió por su cuenta no salir para nada del *ashram* de Gandhi en Ahmedabad durante un año entero para probar con hechos su fidelidad. Cumplió su propósito. Gandhi reconoció su sinceridad, y al cabo del año comenzó a llevarse a Kálelkar de compañero en sus viajes y en uno de ellos ocurrió el siguiente episodio.

Se trataba de planear la campaña de propaganda del hindi como lengua nacional en toda la India. Un grupo de colaboradores de Gandhi, entre ellos Kálelkar, estaban discutiendo el asunto mientras Gandhi mismo, en un rincón del cuarto, atendía a la correspondencia. Se iban distribuyendo entre ellos las diversas tareas cuando uno de ellos preguntó en voz alta: " Y ¿qué encargamos a Kálelkar?". Gandhi estaba escribiendo, pero al mismo tiempo prestaba atención a lo que se decía, y cuando oyó la pregunta les interrumpió y dijo: "A Kálelkar podéis encargarle lo que queráis... con tal de que sea difícil". Y sonrió con esa sonrisa pícara que tan bien le han conservado las fotografías.

Kálelkar me dijo que al oírle a Gandhi decir eso sintió que se le derretían todas las entrañas de por dentro. Gandhi se fiaba de él. Sabía que tenía capacidad para trabajar y deseos de hacerlo. Encargarle un trabajo fácil sería insultarle. Como el profesor que muestra precisamente su aprecio por un discípulo inteligente al ponerle un tema difícil para que se luzca; el hacerle una pregunta fácil sería menospreciarle. Gandhi apreciaba a Kálelkar y lo mostraba de esa manera espontánea y práctica. "Encargarle lo que queráis... con tal que sea difícil". Me siguió diciendo Kálelkar que en aquel momento se sintió entregado a Gandhi de todo corazón. "Él había puesto su confianza en mí, y yo no le iba a decepcionar. Yo demostraría que era digno de su confianza. Cuanto más difícil trabajo me den, mejor. Lo haré con toda mi alma, y haré ver a todos que Gandhi hizo bien en confiar en mí."

La confianza de Gandhi le hizo crecerse a Kálelkar. Ese era el gran secreto de Gandhi. Primero sometía a prueba a sus seguidores, como lo había hecho con el mismo Kálelkar. Y luego les brindaba su confianza total. Y al fiarse de ellos les hacía valerse, crecerse, entregarse. Así logró Gandhi rodearse de colaboradores fieles, eficaces, consagrados. Gobernar por la confianza era su método.

MAESTRO DE UN PUEBLO

Si el primer frente de Gandhi fue el de sus colaboradores más cercanos, su frente más universal, más extenso y más duradero fue el del pueblo entero al que se propuso educar para la independencia. Gandhi sabía que los ingleses acabarían por marcharse. Y también sabía que marcharse los ingleses no constituía la independencia. Para que el ave vuele no basta con romperle las ataduras de las patas, hacen falta alas, y hace falta fuerza, y hace falta fe. Devolverle al pueblo las alas fue la gran empresa de Gandhi. Los largos años de servidumbre habían traído consigo la pasividad, el descuido, la negligencia por parte del pueblo. Y antes de devolverle el poder había que devolverle la dignidad. Antes de que el príncipe se siente en el trono hay que educarle para la realeza. Gandhi quería un pueblo soberano, y a crearlo dedicó todas sus fuerzas. A él mismo le sirvieron de guía e inspiración las palabras de Rabindranath Tagore:

> En la naturaleza observamos a ciertos insectos parásitos que viven a costa de otros animales, absorben su comida directamente de ellos, y van también a donde van ellos, sin tener locomoción ni digestión propia. Parece muy cómodo, pero el insecto que así vive tiene que pagar un precio muy elevado por su pereza. El parásito pierde la capacidad de digerir el alimento; su aparato digestivo, al no ser usado se atrofia y deja de funcionar. Descanso completo... y esclavitud completa.

Una nación sometida, y en ese sentido parásita del gobierno de otra, pierde también la capacidad de asimilar su propio alimento: el alimento del alma y del honor. Para devolverle la libertad a esa nación hay que devolverle primero su metabolismo espiritual, su fuerza de asimilar, su dignidad y su honor.

El colonialismo prolongado había engendrado una pereza universal y profunda. Cuando se trabaja para otro no se trabaja de corazón. Cuando se sirve a un gobierno extranjero no se emplea uno a fondo. ¿Quién se va a esforzar en aumentar la riqueza nacional cuando esa riqueza va a ir a parar a las manos de un poder extranjero? ¿Cómo resistir el impulso de echar agua a la leche cuando esa leche la van a beber extraños? Así baja el entusiasmo y entra la mediocridad. Y así viene el peligro (el pensamiento sigue siendo de Tagore) de que cuando la leche se quede para los propios niños de casa, en virtud de la mala costumbre adquirida sigamos echándole agua a la leche.

El peligro era que la pasividad y la negligencia engendradas por la estancia de los ingleses persistieran aun al marcharse ellos. Había que despertar al pueblo. Había que poner en pie a la nación. Había que restablecer el entusiasmo, la ilusión, el trabajo, la entrega, niveles altos de eficacia y sentido profundo de la responsabilidad. A eso se dedicó Gandhi en campaña inteligente, perseverante, de lección y de ejemplo para hacer digno de la libertad y del gobierno propio al gran pueblo que pronto sería la mayor democracia del mundo.

Un ejemplo de su estancia en la cárcel:

Un compañero de cárcel de Gandhi había estado calentando agua en un brasero para que Gandhi pudiera bañarse en el invierno. Cuando estuvo bien caliente la sacó a un balde y llamó a Gandhi. Éste, al coger el cubo de agua caliente, se fijó en el brasero y notó que aún quedaba en él mucho carbón encendido. Le preguntó a su compañero: "¿Sirve para algo ahora este brasero?". "No, Gandhi, ya no sirve para nada". "Entonces apágalo para que pueda volver a usarse el carbón". "¿Para qué te preocupas si esos carbones son del gobierno, no son nuestros?". Y Gandhi aprovechó para dar su lección: "En eso es donde te equivocas. Esos carbones no son del gobierno, son del país. El gobierno inglés gasta todo el dinero que quiere, pero ese dinero sale de los bolsillos de los pobres de la India. Esos carbones que se queman son nuestros, y somos nosotros quienes tenemos que ahorrar. Ahora apágalos".

Gandhi tenía conciencia de que todo lo que él hacía en público o en privado se transmitía de mil maneras y llegaba a los últimos rincones del país. Cada palabra, cada gesto, cada anécdota se multiplicaba de boca en boca y de escrito en escrito, y se hacía norma, exhortación y ejemplo para sus queridos millones. Con ahorrar unos carbones medio quemados predicaba el ahorro, la responsabilidad, la conciencia de que el gasto público es en definitiva gasto privado y de que lo que pertenece al país pertenece a cada ciudadano tanto para usarlo como para conservarlo.

Fue a Charlie Andrews, el clérigo cristiano y amigo ferviente honrado por Gandhi con el título especial y cariñoso de *Dinbandhu* ("amigo de los pobres") a quien Gandhi le dijo aquella frase que resumía su programa, su estrategia y su fe: "Esta es mi fe: la India será independiente el día en que se purifique a sí misma y se prepare a sí misma. Ni un momento antes ni un momento después. La independencia nace de dentro". Y años más tarde el Pandit Nehru describía en su estilo gráfico y enérgico el éxito de Gandhi en su tarea fundamental de hacer despertar a la India: "Lo que ha hecho Gandhi es enderezarnos la espalda. Andábamos todos encorvados, sometidos, humillados, y es muy fácil montarse a caballo sobre una espalda encorvada como lo habían hecho los ingleses con nosotros. Ahora hemos vuelto a andar derechos y no habrá quien se monte sobre nuestras espaldas".

Volver a andar derechos. La independencia nace de dentro. Ese era el camino de Gandhi. La independencia, la libertad, la justicia social es la fruta que caerá cuando esté madura, y madurarla es responsabilidad del árbol que la cría, no de la mano violenta que la arranca. Ahí está resumida toda la historia de la independencia de la India, y todo el pensamiento de Gandhi. Andar derecho, y el jinete advenedizo caerá.

La violencia no es compatible con la dignidad personal. El que ataca se rebaja. Al recurrir a la violencia renuncia a la fuerza moral, a la fe en su causa, a su propio honor. Gandhi unió siempre la afirmación del honor con la renuncia de la violencia. Inculcó el camino de la paz en todos los que le seguían, y acometió la difícil tarea de educar a las masas en la práctica de la resistencia sin violencia. Su primera actuación importante después del período inicial de estudiar la situación en la India, fue en una huelga del sector textil de Ahmedabad. Los trabajadores habían ido a la huelga reclamando un aumento del sueldo. Gandhi les apoyó con condiciones bien claras: paz absoluta en todo momento; no ejercer presión alguna sobre nadie; permanecer firmes pase lo que pase y dure lo que dure la huelga; y si llegaba la necesidad extrema de no tener qué comer, trabajar en cualquier otro oficio lo justo para no pasar hambre. Lo que luego sucedió lo cuenta el mismo Gandhi:

Todos los días, bajo un árbol, a la orilla del río, celebrábamos una reunión. Centenares de huelguistas venían, y yo les recordaba la promesa que habían hecho: paz absoluta y respeto a sí mismos por encima de todo. Hicieron pancartas que decían en verso "La dignidad es la verdad", y cantando eso iban en procesión pacífica por las calles de la ciudad todos los días. La huelga duró veintiún días. Las dos primeras semanas todo fue bien. Los huelguistas guardaron una disciplina admirable, se manifestaban con gran valor y tranquilidad, y venían en masa a las reuniones diarias a la orilla del río. Yo les recordaba su promesa, y ellos cantaban: "Moriremos, pero nuestra dignidad no abandonaremos". Era digno de verse.

Pero al fin comenzaron a aflojar, y así como el cobarde se refugia en la violencia ellos comenzaron a ejercer presión sobre los trabajadores que querían seguir trabajando. Era nada más presión de palabras, pero yo temía que pasaran a la violencia física. Cada día venían menos a los mítines a la orilla del río, y los que venían lo hacían sin entusiasmo y con la cara larga. Ya no había cantos ni coros. Vi muy bien que andaban todos dudando y que la fuerza moral se desmoronaba. Para mí fue un momento de crisis personal. ¿Qué hacer? Yo era quien les había dirigido y convencido a que hicieran aquella promesa, yo había sido testigo diario de su juramento. Tenía que seguir ayudándolos a cumplir la promesa, y tenía que hacerlo sin violencia ninguna por mi parte. ¿Cómo hacerlo?

Estábamos en el mitin de la mañana. Yo no sabía qué hacer ni había preparado qué decir. Pero al hablarles me salió lo siguiente: "Si no estáis firmes en continuar la huelga pacífica hasta llegar a una solución digna, yo ayunaré sin comer nada hasta que llegue esa solución".

Fue el primero de los grandes ayunos de Gandhi en la India. Insistió en que su ayuno no era para hacer cambiar de actitud a la patronal, sino para hacer permanecer firmes en su promesa a los trabajadores. Y estos lo entendieron enseguida. Volvió el valor y el entusiasmo. Se reafirmaron en su promesa y en su dignidad. "La dignidad es la verdad". Y ante la verdad cedió la oposición. Ambas partes aceptaron un arbitraje independiente, y finalizó la huelga. Los patronos repartieron dulces a los obreros en las fábricas. La dignidad había triunfado.

Un gran obstáculo para la dignidad nacional era el complejo de inferioridad que la larga presencia de los ingleses había creado en el pueblo indio. Junto con la dominación política había venido la supuesta superioridad cultural y la soberbia racial. El inglés nos domina, y por ello su cultura, su religión, sus modales, su educación, su lengua, su literatura, su manera de vestir y su manera de hablar, todo es superior aventajado, eminente. Complejo de colonia. Yugo cultural. Esclavitud del pensamiento, mucho más peligrosa y dañosa que la pura esclavitud del dinero o del poder político. Ese complejo humillante había hecho estragos en la mentalidad india. Las clases altas se preciaban de hablar inglés "con acento de Oxford", de llevar corbata (que si es absurda en todas partes lo es mucho más en el calor de la India), de recibir honores y títulos como *sir* o *baronet* de la reina de Inglaterra. Se apreciaba todo lo extranjero, que en la India quería decir todo lo inglés, y se menospreciaba lo propio. Ese era el mal de raíz que había que curar para establecer la independencia no sólo en el mapa sino, sobre todo, en el corazón de la India.

De hecho ese complejo de inferioridad no tenía razón objetiva ninguna de ser. La India poseía y posee una riqueza cultural, literaria, religiosa, mística, artística y folklórica de una altura extraordinaria como es reconocido por todos. Pero lo que se admite hoy en todo el mundo no se reconocía entonces en la India misma. Había que restaurar la conciencia de la propia cultura, el orgullo de las propias tradiciones, la fe en su propia identidad. Había que volver a establecer la imagen nacional del carácter indio. Y a esa tarea delicada y trascendente se dedicó Gandhi con el tacto y tesón de siempre. Despertar el interés en las lengua indias, fomentar el consumo de productos indios, usar el estilo indio para construir y el arte indio para decorar, hablar como indios y vestir como indios. Programa plástico de nacionalización que Gandhi llevó a cabo con la palabra y con el gesto.

Un gesto importante por lo diario, lo visible y lo significativo fue el del vestido. Juzgar a la gente por el vestido es prejuicio visual universal. La "gente bien viste bien", y en la India la "gente bien" vestía a la inglesa, lo que creaba la impresión de que vestir a la inglesa era lo elegante, lo educado, lo fino. El traje de chaqueta significaba distinción mientras que el *dhoti*, pieza rectangular blanca ceñida a las piernas, se consideraba vulgar, ordinario, plebeyo. Se decía que incluso el padre de Nehru, noble patricio de exquisito gusto, mandaba sus camisas a planchar a París. Vestirse a la europea era señal de nobleza, y eso era una manera sutil de decir y aceptar que los europeos eran superiores. Vestidos que hablan. Sastres que dominan. Complejo de inferioridad vivido y escenificado cada día en los trajes que se llevan y en los que se ven llevar. Había que acabar con la tiranía de la moda cuando esa tiranía iba contra el sentimiento nacional y contra el verdadero patriotismo. Había que devolver la nobleza al vestido indio.

Gandhi tenía experiencia en la materia. Durante su estancia de estudiante en Inglaterra, no sólo había vestido a la inglesa sino que había ido hasta el extremo en la elegancia, la moda y aun el esnobismo. Él mismo cuenta sus experiencias con humor y ironía en un capítulo de su autobiografía que titula con gracia "Cuando yo me civilicé".

Mis esfuerzos para 'civilizarme' fueron tan superficiales como caros, mucho más caros de lo que se podía permitir mi bolsillo. Me había traído a Londres trajes de chaqueta estilo inglés, pero hechos en Bombay. Su corte no correspondía a la elegancia de Londres, y me hice hacer trajes nuevos en las sastrerías del Army and Navy. Me gasté diecinueve chelines (que era una fortuna en aquel tiempo) en un sombrero "de copa", o como decían allí "de chimenea". No satisfecho con eso fui a Bond Street, donde se visten los hombres más elegantes del mundo, y me hice un esmoquin que me costó veinte libras. [Me permito el comentario de que Gandhi, comerciante de casta, se acordaba muchos años más tarde de lo que había pagado por cada cosa en Londres. Su sentido del dinero y su habilidad para regatear y negociar le acompañaron toda su vida... hasta los palacios de virreyes y los despachos de ministros ingleses.] Veinte libras... como si las hubiera quemado. Mi hermano mayor en la India, tan bueno como generoso, era quien sufragaba mis gastos, y yo encima le pedí que me mandase una cadena de oro con un buen colgante para llevarla a la vista en el chaleco. Y el buenazo de él me la mandó. Luego estaba el problema de la corbata. Vendían corbatas con el nudo hecho, pero se notaba y no estaba bien visto usarlas. Tuve que aprender el arte de hacerme el nudo. Yo, que cuando estaba en la India no veía el espejo más que al afeitarme muy de tarde en tarde, me pasaba en Londres un buen rato todos los días ante un espejo grande haciéndome el nudo de la corbata y la raya del pelo. La manía de vestir a la moda me duró varios años.

En otro lugar de su autobiografía menciona que su deseo de europeizarse le llevó incluso a recibir lecciones de baile y de violín durante su estancia en Londres. No le llevaron muy lejos esas lecciones, pero sí le dejaron el recuerdo vacío de un esfuerzo inútil. Al volver de Sudáfrica a la India irá ya con su vestido típico de Kathiawar (la región del Gujarat a la que él pertenecía): jubón y calzón ceñidos de algodón y un turbante enorme todo blanco; indumentaria que puso en ligero aprieto protocolarlo a los líderes indios que, vestidos de chaqueta y corbata, fueron a recibirle en Bombay. Luego, al entrar en contacto directo con las multitudes, el pueblo, la gente pobre de vestido escaso, él mismo fue descartando primero el turbante y después la camisa hasta quedar en esa imagen tan fotografiada y tan querida con el *dhoti* de cintura para abajo y una media sábana por los hombros. Churchill le llamó despectivamente "ese faquir medio desnudo", y se le escapó por completo al gran estadista inglés el significado, el motivo, y el mensaje de eso pequeño cuerpo a medio vestir.

El virrey de la India invitó a Gandhi a entrevistarse con él en su palacio en Nueva Delhi. Ejemplar majestuoso de arquitectura colonial. Jardines extensos, escalinata interminable, salones suntuosos. Allí se presentó Gandhi con su ligero atuendo en contraste gráfico al lujo real que le circundaba. No había en ese gesto desprecio al virrey, sino respeto al pueblo a quien representaba. Gandhi representaba a su pueblo, y al hacerlo así quería vestir como él. Más adelante cuando fue a Inglaterra a la cabeza de la delegación india para la "Conferencia de la Mesa Redonda" el propio rey Jorge V le invitó a tomar el té con él en el palacio de Buckingham. Un acompañante de Gandhi describe lo que sucedió:

El jefe de protocolo inglés informó respetuosamente a Gandhi de que para la audiencia real debería ir vestido según la etiqueta de palacio. Su dhoti con las piernas al aire podía ofender a los ojos del rey, y más aún de la reina. No era vestido digno. Gandhi objetó con el mismo respeto que si él iba a ver al rey, a él le tocaba decidir qué vestido era digno. Le dijeron: "La invitación del rey es una orden. Si su majestad le invita a venir a palacio, tiene usted que venir a palacio, y si viene a palacio tiene que venir según el protocolo de palacio". Gandhi contestó con firmeza: "Aprecio sinceramente el honor que me hace el rey al invitarme: pero no estoy dispuesto a cambiar de traje para verlo". Ante esa actitud cedieron las autoridades británicas, y Gandhi entró con su traje de siempre en el palacio de Buckingham.

Al salir de la audiencia real le esperaban los periodistas. Un periodista inglés, afligido al pensar que un hombre envuelto en una sábana había tomado el té con los reyes de Inglaterra, no pudo contenerse y le preguntó: "Señor Gandhi, ¿no sintió usted ningún apuro, no le dio vergüenza sentarse con ese vestido a tomar el té con el rey y la reina?". Gandhi se rió de buena gana y dijo con gracia: "Apuro ninguno. Cada uno estábamos bien a gusto con lo que llevábamos. Y hablando de ropa, el rey llevaba tanta encima que con la que él llevaba nos hubiera bastado para los dos".

Había algo más que buen humor en la respuesta de Gandhi. Había el sentido de su responsabilidad y de la dignidad de su pueblo. La igualdad de todos los hombres y el respeto total a cada uno. El rey de Inglaterra en su uniforme resplandeciente, y Gandhi vestido con media sábana se sientan juntos a tomar el té en la misma mesa. Ambos son iguales. Los indios y los ingleses son iguales. La anécdota llega a todas partes; la imagen se propaga en todos los medios. Y con ella va su mensaje, su llamamiento, su proclama. Cuando un sencillo labrador indio vestido sólo con su *dhoti* al labrar los campos se entera de que Gandhi, vestido también de *dhoti*, se ha sentado como igual, junto al rey mismo de Inglaterra, aprende a respetar y apreciar su propio *dhoti*, y con él a sí mismo, a su oficio, a su propia persona, a su patria. Una lección total en respeto propio como sólo Gandhi podía darla. Antídoto sencillo y eficaz del complejo de inferioridad nacional. Patriotismo y humanismo. Igualdad y dignidad. Gandhi maestro de la imagen. Y Gandhi conocedor exquisito de la psicología de los pueblos. Al ir cambiando él, muestra a los demás el camino del cambio. Al despertar él, hace despertar a los demás. El mismo Nehru, indio hasta la médula pero educado en Inglaterra y muy a la inglesa, hubo de realizar conscientemente ese viaje espiritual de vuelta a su propia patria para volver a sentirse indio, para volver a entroncarse en sus raíces, y llamó a su mejor libro, que describió esa aventura suya personal, "El Descubrimiento de la India". Nehru, indio, tuvo que descubrir la India. Gandhi tuvo que descubrirla. La nación entera tenía que volver a descubrirse a sí misma. Y esa fue la obra de Gandhi. Educar, despertar, volver a descubrir. Gandhi fue maestro inspirado de un pueblo entero. Sigue siendo maestro del mundo.

UNIDAD Y DIGNIDAD

La primera lección del maestro fue la dignidad y el respeto propios. Y las dos grandes consecuencias de esa lección fueron y son la no-violencia y la unidad. Un pueblo que se respeta, que permanece unido, que al respetarse quiere ser libre y presenta su reclamación con firmeza, con unanimidad y sin violencia, no puede menos de ser oído. Así se obtiene la libertad como fruto de la no-violencia y la unidad, radicando todo ello en el respeto propio. Quien se respeta a sí mismo no se rebaja a la violencia, quien se respeta a sí mismo respeta por el mismo derecho a los demás, reconoce la dignidad de cada uno y la unidad de todos como miembros iguales de una gran familia. La igualdad, la dignidad y la no-violencia son tres aspectos de una misma idea fundamental.

La ley Rowlatt fue la primera ocasión de practicar la desobediencia no-violenta a nivel nacional. Gandhi había suspendido la oposición al gobierno inglés durante la primera guerra mundial por el sentimiento tan noble como poco común de no querer aprovecharse de la debilidad del oponente. "Mientras Inglaterra esté en guerra no es justo que la ataquemos por la espalda con nuestro movimiento de independencia. Esperemos a que resuelva su conflicto, y entonces presentaremos el nuestro". Los demás líderes estaban impacientes, y se les hacía difícil aceptar tanta generosidad con el enemigo. Algunos incluso preferían aprovecharse de la difícil situación de los ingleses para urgir la independencia y sacar ventaja. Pero se impuso el criterio de Gandhi, la nación esperó. Se llegó a abrigar la esperanza de que Inglaterra apreciaría la nobleza de la actitud india, y en recompensa aceleraría, una vez acabada la guerra, el proceso de la independencia de la colonia. Pero la esperanza resultó enteramente fallida. La corona no correspondió al gesto noble de Gandhi. Acabó la guerra, y no perdió tiempo el gobierno inglés en la India para sacar una nueva ley, la "ley Rowlatt", que en opinión estudiada y sentida del mismo Gandhi, "no hay pueblo que se respete, ni persona que tenga honor que pueda aceptarla". Gandhi se dispuso a actuar, y esto es lo que escribió al líder del sur de la India, que sería más tarde su primer gobernador general indio, Rajagopalachari:

La idea se me ocurrió en sueños y la revalido despierto. En respuesta a una ley tan injusta propongo que el país entero observe una huelga total. Eso sí, con paz y moderación absolutas. Se trata de una guerra santa que requiere pureza total en todos nosotros. Como símbolo de esa pureza y como medio para alcanzarla propongo que el primer día ayunemos todos sin comer nada en todo el día, y que no vaya al trabajo nadie.

El país entero obedeció a Gandhi y entró en la huelga con espíritu ejemplar. Gandhi mismo confesó: "Fue un espectáculo grandioso y emocionante". Pero no fue posible conservar un espíritu tan elevado en una multitud tan inmensa. Hubo algunos incidentes aislados y enfrentamientos violentos. Tiendas robadas, cables cortados, trenes descarrilados. El jefe de policía, comisario Griffits, se mofó de Gandhi: "Sus intenciones serán buenas, pero su pueblo no las entiende ni las entenderá nunca. Es decir, entienden lo de desobedecer a la ley, pero no lo de guardar el orden. Es fácil dejar de trabajar: eso lo hace cualquiera y bien a gusto. Lo difícil es hacerlo con orden y disciplina, y eso no lo hace su gente. Usted no tiene control de su pueblo, y si no puede controlarlo no tiene derecho a excitarlo".

Gandhi reflexionó. Estudió los informes que le llegaban de toda la India. Reconoció que en algunos sitios la multitud se había excedido. No todos habían asimilado aún la doctrina de la no-violencia. Y con sinceridad y valor absolutos Gandhi sacó las consecuencias. Sus palabras al recordar aquellos días difíciles:

Fue entonces cuando yo usé la expresión que se hizo famosa: "Una equivocación tan grande como el Himalaya". Me había equivocado. Me había apresurado. El pueblo no estaba preparado para la desobediencia pacífica, y al lanzarlo yo a ella de repente en todo el país me había equivocado dolorosamente. Un error como un monte. Ese fue mi Himalaya.

Mucha gente se rió de mí cuando me retracté; pero yo nunca me he arrepentido de haber reconocido mi error. Algunos de mis amigos y colaboradores se enfadaron. Dijeron que si había que esperar a que todos fueran santos y se portasen con mansedumbre absoluta, habría que renunciar al movimiento de independencia a nivel nacional. Pero yo insistí en mi postura. Si los que dirigen al pueblo no pueden dominarse ni dominarlo, hay que suspender el movimiento. No estamos aún maduros. La "fuerza de la verdad" se basa esencialmente en la no-violencia, y no puede actuar sin ella. Hay que esperar. Decidí pasar tres días sin comer, y propuse a todos que lo hicieran por un día. A los que habían robado o matado les invité a confesar sus delitos. Y afirmé clara y decididamente que, hasta que la nación no aprendiese el camino de la paz, quedaba suspendido el movimiento de independencia.

Gandhi sabía perfectamente que al suspender el movimiento se retrasaba el día ansiado de la independencia. Pero para él era más importante la conciencia que la independencia. O, mejor dicho, la independencia en su concepto no era otra cosa que el florecer de la conciencia nacional. La independencia no se obtiene con echar una firma sobre un papel ni con izar una bandera, sino con crecer en dignidad, moralidad y carácter nacional. Gandhi suspendió el movimiento, y esa fue la mejor lección que pudo dar a su pueblo. Con ello no retrasaba sino que adelantaba la verdadera independencia.

En un país tan grande y complejo como la India, la independencia presentaba el problema especial de la diversidad de razas y colores, de lenguas y culturas, y sobre todo de religiones y de castas. En cuestión de castas no se trataba tanto de fricción entre unas castas y otras, sino entre las castas en general y los de fuera de casta, los llamados 'intocables' o parias. Gandhi los llamó por otro nombre, *harijan*, que quiere decir 'hijos de Dios', y por él se les conoce todavía. En esa palabra estaba la solución de Gandhi al problema ancestral de la intocabilidad. Todos somos hijos de Dios, todos somos iguales como hombres, como personas, y nadie es más ni menos por haber nacido en una familia o en otra. El principio era claro, y Gandhi aprovechó toda ocasión para proclamarlo y remacharlo. La ocasión más famosa fue la propuesta de establecer distritos electorales separados para los *harijans* en la constitución de la India. Las consecuencias políticas de tal medida eran confusas, y de hecho el primer responsable de la nueva constitución india, Ambedkar, jurista eminente y líder político de primera fila, que era *harijan* él mismo, estaba a favor de esa medida. Pero Gandhi vio en esa separación electoral un símbolo y un instrumento de la separación real de dos grupos de la nación, y se opuso a ella con toda su alma. Al agravarse la situación Gandhi recurrió a su arma personal: el ayuno.

Estaba en la cárcel de Yeravda en Poona, y allí mismo declaró que no pasaría alimento por sus labios hasta que se solucionase el asunto. Aquel ayuno le llevó a Gandhi al borde mismo de la tumba. La nación estaba en vilo, y el mundo entero seguía día a día la agonía de su cuerpo débil, hecho instrumento dócil de su espíritu firme. Tagore escribió a la India entera que le escuchaba cuando Gandhi había callado:

> Sobre la India entera se cierne estos días una oscuridad dolorosa. El Mahatma cuyo nombre es ya sinónimo de la India misma ha concebido un voto heroico que le puede llevar incluso a la propia inmolación en la causa de la unidad del pueblo de la India. La penitencia que él hace nos purifica a todos nosotros. Su ejemplo y su dolor han de despertar en el fondo de nuestros corazones los sentimientos humanitarios que nos lleven a ver a todos los hombres como iguales, y a amarlos a todos con sinceridad y sin fronteras ni divisiones de ninguna clase. El sufrimiento del Mahatma ha de ser de nuestra salvación.

El efecto del sufrimiento de Gandhi fue tan vasto como la India y tan profundo como su misma sinceridad. Aquellos días la gente dejó de ir al cine o al teatro, se suspendieron las bodas, se organizaron oraciones públicas en cada plaza. Se permitió a los 'hijos de Dios' que entrasen en los templos de Dios en que antes no se les permitía entrar, se les invitó a sacar agua de los pozos reservados antes a los de casta, se organizaron incluso comidas en que se sentaban, unos junto a otros, gente de casta y sin ella. Fue un esfuerzo nacional, un fraternizar hasta entonces desconocido, un nuevo empezar. Por fin se aceptaron las condiciones de Gandhi, y él volvió a tomar alimento. Se salvó su vida. Y se salvó el principio de la igualdad y la dignidad de todos los hombres: es verdad que un prejuicio de siglos no se arranca de un golpe, y el esfuerzo continúa y la inspiración de Gandhi sigue siendo necesitada. En esto como en todo Gandhi sigue siendo actual. El problema continúa, pero él fue quien, con riesgo de su propia vida, puso la base indispensable para su solución.

La otra amenaza a la unidad del país era la división mayoritaria de su población entre las dos grandes religiones: la hindú y la musulmana. La India tiene el gran privilegio y la gran responsabilidad de albergar en su seno desde tiempo inmemorial a casi todas las grandes religiones del mundo. Kálelkar, a quien he citado varias veces, me siguió repitiendo con insistencia convencida hasta el fin de sus días, y no dejaba de recordármelo cada vez que nos veíamos, que la gran misión histórica de la India era el trabajar por el mutuo entendimiento, aprecio, conocimiento y estima de todas las religiones. "Dios", me decía con fervor, "ha reunido en nuestro suelo hace siglos a todas las grandes religiones, y a ninguna hay que considerar extranjera. Cuando un extraño se casa con mi hija, deja de ser un extraño para mí y se convierte en mi yerno. De la misma manera, aun las religiones que han venido fuera de la India, al ser aceptadas por indios se convierten ellas mismas en indias, y así, junto al hinduismo, se asientan hoy entre nosotros el zoroastrismo, el cristianismo y el islam. A nosotros nos toca hacer que esas religiones se entiendan unas a otras y se enriquezcan y se complementen mutuamente. Esa es nuestra misión". Kálelkar mismo era brahmán, y brahmán de la rama *sarásvati* considerada como una de las más altas dentro de la casta más alta. Se le hacía sinceramente imposible aceptar que otras religiones, sobre todo las que permiten comer carne y beber licores, fueran no ya superiores sino iguales o comparables al hinduismo; y me contaba él mismo cómo fue un triunfo personal de Gandhi llegar a convencerle de que ninguna religión monopoliza o agota la verdad, y de que precisamente, porque la realidad espiritual sobrepasa a nuestro entendimiento, son necesarios los distintos enfoques y las distintas experiencias de cada religión para darnos una idea más completa de la realidad suprema. Luego Kálelkar, discípulo convencido del Mahatma, llegó a fundar él mismo una institución y una revista para propagar estos ideales ecuménicos. Por invitación suya yo soy miembro hace años del consejo directivo de esa institución, y participo en sus esfuerzos, sus dificultades y sus logros.

Gandhi ayunó también por la unidad de hindúes y musulmanes. Ayunó en casa de un amigo mahometano, bajo la observación de un médico mahometano, y cuando rompió el ayuno, al cabo de veintiún días, lo hizo tomando de manos de un amigo mahometano un vaso de agua de limón. Durante esos días de prueba escribió:

Hasta ahora hemos venido haciendo esfuerzos para cambiar el corazón de los ingleses, y seguiremos haciéndolos hasta que nos traigan el fruto deseado. Pero antes tenemos que trabajar para cambiar nuestro propio corazón, el de todos nosotros, hindúes y musulmanes. Antes de pensar en la independencia tenemos que pensar en el amor. Tenemos que lograr la comprensión y en el aprecio por las creencias de unos y otros, por distintas que sean, y aun la tolerancia de prejuicios y supersticiones. Y sobre todo tenemos que fomentar la confianza. Confianza en todos y confianza en nosotros mismos, que es a fin de cuentas confianza en Dios. Esa confianza sin condiciones es la que hará que nos acerquemos unos a otros como hermanos.

Gandhi afirmó que esos días de prueba fueron para él "días de gran paz interior, felicidad y gracia". Pero también este era problema profundo que no podía resolver un hombre solo, por grande que fuera su influencia. Gandhi tuvo que volver a ayunar. Y Gandhi tuvo que enfrentarse al fin de su vida con la tragedia que ensombreció su triunfo: la división de su patria querida en dos naciones, India y Pakistán, división honda entre hindúes y mahometanos que causó sufrimientos históricos y los sigue causando. Dividir su nación era partirle el corazón a Gandhi. Él amaba a todos. Llegó a ofrecerle a Jhinnah, el jefe de los musulmanes, el puesto de primer ministro en una India indivisa, e hizo que Nehru y Patel, los dos aspirantes al puesto, aceptaran la propuesta. Pero no pudo conseguir que Jhinnah la aceptara. Gandhi insistió, contra lo que pretendían algunos jefes indios, en que se pagase al Pakistán todo lo que la India había prometido al dividirse los dos países. Anunció que iría a visitar al Pakistán recién constituido. No pudo hacerlo. Un hindú fanático, representante de aquellos que pensaban que Gandhi se había convertido en el defensor de los mahometanos contra sus propios compatriotas y correligionarios, le disparó tres balas en el pecho cuando Gandhi iba a rezar en el jardín de Birla House en Nueva Delhi. El problema por el que Gandhi vivió, luchó y murió aún perdura. Gandhi, una vez más, sigue siendo tristemente y necesariamente actual.

EL CULTO A LA EXCELENCIA

Puesto a educar a su pueblo, Gandhi resumió en una palabra el contenido de sus enseñanzas: excelencia. Hacer las cosas bien. Preciarse en todo lo que se hace, sea mucho o poco, importante o insignificante, público o privado. Hacer todo bien hecho. Emplearse a fondo, exigirse a sí mismo, rendir al máximo. Había que acabar con la herencia de descuido y desinterés que había dejado la dominación inglesa en el pueblo indio. Y también en esto Gandhi continúa viviendo, pues todos sentimos la inclinación a la pereza, la tentación de la chapuza, la tendencia al atajo, al hacer las cosas a medias, al acabar con prisas y de cualquier manera, a engañarnos a nosotros mismos cuando no podemos engañar a los demás. La dejadez es el gran enemigo del desarrollo, sea personal o nacional. Gandhi quiso combatir a ese enemigo.

Y ante todo su propio ejemplo. Alguien le hizo notar que cuando citaba versos del Bhagavad Gita en sus oraciones en público su pronunciación del sánscrito era defectuosa. Gandhi tomó nota y resolvió aprender la pronunciación adecuada. Amaba al Gita y llegó a escribir un comentario sobre él. La pronunciación en cierto sentido era lo de menos, y la mayor parte de sus oyentes no repararían en ella. Pero a Gandhi le bastaba saber que no estaba bien para decidir corregirla. Aprender una buena pronunciación lleva tiempo, y Gandhi no lo encontró de momento. Pero lo encontró en la cárcel. No se había olvidado de su propósito, y cuando se vio otra vez de 'huésped del gobierno' con tiempo en sus manos, decidió ponerlo en práctica.

En la cárcel de Yeravda rogó a Kálelkar que estaba en la prisión con él: "Quiero aprender a pronunciar el sánscrito bien. A mí me encanta tu pronunciación del sánscrito, y te he observado cuando das clase a nuestros chicos en el ashram, por eso quiero que me enseñes tú. Trátame como a un discípulo más. Cada vez que me equivoque hazme repetir hasta que lo haga bien. Nada de pensar que soy una persona importante, que soy un 'mahatma' y que por ello no se me puede molestar. Si por pensar así me dejas con una pronunciación imperfecta, eso irá sobre tu conciencia. Tu verás".

Kálelkar solía decir que el único método de aprender bien la pronunciación de cualquier lengua era de 'llenar los oídos', y así se dedicó él a 'llenarle los oídos' de sánscrito a Gandhi. Además le subrayaba las palabras que pronunciaba mal, y se las hacía repetir sin piedad. Kálelkar llegó a decir que nunca había tenido discípulo tan aplicado, y al final de la estancia en la cárcel le dio un diploma de 'campeón de pronunciación sánscrita'.

Algo que le mortificó a Gandhi hasta el fin de sus días fue su mala letra. Escribía con las dos manos, derecha e izquierda, y su escritura con una era tan mala como con la otra. Así como quería pronunciar bien, quería también escribir con buena letra. Pero no lo consiguió. También el Mahatma tenía que aceptar sus derrotas. Citaba el proverbio guarati, "a la vasija de barro no se le cambia el borde", es decir que una vez seco el barro no se le puede pegar otro borde a la vasija, y una vez acostumbrada la mano a escribir de una manera, moldeados los músculos por la edad como secado el barro por el sol, no se le puede poner otro borde, no se puede mejorar la letra en la edad madura. Y se resignaba a escribir como escribía. Pero por ello mismo aconsejaba a los jóvenes que se acostumbrasen a escribir con buena letra desde el principio, ya que si no les pasaría como a él y ya no conseguirían nunca tener buena letra.

Lo que sí consiguió fue la reforma de la ortografía gujarati. Le dolía a Gandhi la anarquía ortográfica que reinaba en su propia lengua. Cada uno escribía a voluntad las vocales largas y breves, las haches intercaladas, y aun ciertas consonantes parecidas. La disciplina, el orden, la dignidad de la vida, se reflejan en la lengua, y la manera de escribir gujarati entonces carecía de regla fija, de normas, de dignidad lingüística. Gandhi decía: "Nos da vergüenza cometer una sola falta de ortografía al escribir en inglés, en cambio escribimos nuestra propia lengua de cualquier manera y eso no nos da vergüenza. Respetamos la lengua de los ingleses y nos esforzamos por escribirla a la perfección, y no respetamos nuestra propia lengua ni nos preocupamos por su pureza. Hay que acabar con esta situación". Y Gandhi acabó con ella. Encargó a Kálelkar que publicase un diccionario con la nueva ortografía, clara, fija y obligatoria. Kálelkar no era gujarati, pero al vivir con Gandhi había aprendido su lengua. Estudió su historia y publicó el nuevo diccionario". Gandhi escribió en su primera página: "Que nadie de aquí en adelante se tome la libertad de escribir gujarati de manera distinta de la que se promulga en este diccionario". No había entidad alguna oficial que tuviese autoridad para imponer una ortografía determinada. Pero la autoridad moral de Gandhi se extendía hasta el lenguaje, y su firma en la primera página del diccionario fue suficiente para que todos aceptasen la reforma. Hoy el gujarati se escribe como lo mandó Gandhi.

Lo interesante en este ejemplo es notar cómo Gandhi, que llevaba sobre sus espaldas el peso de toda la nación, la lucha por la independencia, mil problemas complejos de importancia histórica, no descuidaba tampoco asuntos mínimos como la ortografía. En todo veía la ocasión, el ejemplo, la parábola de la lección suprema que quería inculcar y que las resumía todas: hacer las cosas bien.

Si Gandhi quería que se escribiese bien, también quería que se imprimiese bien. Ya he mencionado el hecho de que, dondequiera que Gandhi se establecía, una de las primeras cosas que hacía era comprar una imprenta. Sabía la importancia de la palabra escrita, de los medios de comunicación, de poder llegar con un papel impreso a donde no podía llegar con un discurso hablado. Gandhi publicaba a diario. Y en todo lo que publicó volvió a insistir que se publicase bien, sin faltas, sin errores de imprenta, con claridad, con nitidez. Cada impreso de Gandhi – y dejó miles de páginas impresas en artículos, libros, discursos, mensajes de toda clase – había de estar impreso a la perfección. El mensaje de Gandhi se propagaba no sólo por lo que él decía en sus escritos sino por la nitidez con que se imprimían. Hacer las cosas bien. Buena ortografía. Buena letra. Buena imprenta. Y, como en el siguiente caso que cuenta Kálelkar, buena traducción.

Era natural que al establecerse Gandhi en Ahmedabad quisiera hacer traducir al gujarati los escritos de su 'guru político' Gókhale. Se decidió comenzar por un primer volumen con los ensayos y discursos de Gókhale sobre educación. Se escogió a un conocido educador del Gujarat y se le encargó a él la tarea de la traducción. Acabó el traductor su trabajo, y el libro se imprimió inmediatamente en nuestra imprenta de *Navjivan*. Antes de encuadernarlo faltaba sólo que Gandhi lo viera y escribiera la introducción.

Gandhi le dio el libro a su secretario mahadev para que le echara un vistazo. Mahadev se fijaba muy bien en lo que hacía, y pronto cayó en la cuenta de que el libro no estaba bien traducido y no sería del agrado de Gandhi. Así se lo dijo: "La traducción no es fiel, y el lenguaje mismo es descuidado y a veces incorrecto".

Gandhi no se conforma nunca con una acusación general. Pide pruebas. Ante él, el acusador se convierte en acusado. Mahadev lo sabía y estaba preparado. Le mostró a Gandhi varios pasajes del libro con ejemplos claros de traducción mal hecha y de lenguaje defectuoso. Gandhi le dijo: "Está bien. Veo tu opinión y tus pruebas. Ahora enséñale el libro a Nárhari, que sabe mucho de esto, y pídele su opinión independientemente". Al buen Mahadev no le cayó muy bien que no fiara de él, pero conocía la manera de actuar de Gandhi y lo concienzudo que era para cualquier asunto; y además Mahadev estaba seguro de que su opinión era bien fundada, con lo que no protestó e hizo lo que mandaban.
Nárhari fue de la misma opinión. Pero Gandhi aún no se dio por satisfecho. Volvió a decir: "Está bien. Ahora enséñaselo a Kálelkar". Por desgracia para el traductor mi opinión coincidió con las otras dos. Cuando Gandhi vio que las tres opiniones coincidían se puso serio y dijo: "Entonces ya no queda otro remedio. Yo no presento ante el Gujarat una cosa mal hecha. De escribirle al traductor me encargo yo. Vosotros quemad la edición entera, y que no quede ni un ejemplar".
El libro era bien gordo y se habían impreso miles de ejemplares. Si se los hubiésemos vendido al trapero habríamos sacado algún dinero. Pero Gandhi no lo permitió. Todo acabó en una buena hoguera. Y en la reprimenda que el buen traductor se llevaría, que por lo que yo conozco de Gandhi, sería una buena.
Qué le pasaría al traductor no lo sé, pero sí sé muy bien el efecto saludable que este incidente tuvo sobre nosotros tres

en aquellos días en que estábamos comenzando el ashram, la imprenta y la universidad. Nos entró el santo temor en el cuerpo. Vimos que Gandhi no pasaba por nada. Todo tenía que estar bien hecho. No perdonaba descuido. Y decidimos hacerlo todo lo mejor posible en los escritos, las traducciones, la imprenta, las clases. Quizá Gandhi al corregir al traductor nos quería dar una lección a todos nosotros. Aquella hoguera nos hizo mucho bien.

La imprenta *Navjivan* sigue siendo hoy un modelo de imprenta. Todo libro impreso en ella lleva el sello de la excelencia, el mensaje implícito de hacer las cosas bien hechas. Se ha conservado la tradición que Gandhi estableció con tanto cuidado. El nombre mismo que se había escogido para la institución le gustaba mucho a Gandhi: *Navjivan*. En gujarati, donde la sílaba *ji* se escribe con un solo rasgo, es palabra capicúa que se lee lo mismo al derecho que al revés, y se presta a bellos giros caligráficos. Y lo más bello es su significado: Nueva Vida. Al pronunciarla con el fondo histórico de la labor perfecta que evoca, nos recuerda cada vez la enseñanza fundamental de Gandhi: el camino para la nueva vida es hacer las cosas bien.

RESPETAR EL TIEMPO

El sentido del tiempo es distinto en el Oriente y en el Occidente. En el Occidente el tiempo es rectilíneo, no vuelve, no hay más que una vida y hay que vivirla contra reloj, con prisas, con avaricia, minuto a minuto, con pena de 'perder el tiempo' y con satisfacción de 'aprovecharlo'. La puntualidad es una virtud, y usar bien el tiempo es característica del hombre eficiente. En el Oriente el postulado universal de la reencarnación, la historia concebida como ciclos que se repiten, las edades del mundo que vuelven inexorablemente a ser otra vez lo que fueron antes, quitan la urgencia al calendario y las prisas a la vida. La serpiente eterna se muerde la cola y el universo da vueltas sobre sí mismo. El tiempo es cíclico. O mejor dicho no hay tiempo. En las lenguas indias se usa la misma palabra para decir 'ayer' que 'mañana', y la misma palabra para decir 'antes' que 'después'. Todo da vueltas. Todo vuelve. No hay prisa. No importa 'perder el tiempo' porque el tiempo vuelve. No hay prisa por hacer nada porque quedan encarnaciones incontables en que hacerlo. Me acuerdo cómo se reía la gente al ver a un turista americano 'hacer', como dicen ellos, los siete puentes del río Jhelum en Shrinagar en una *shikara*, lancha alargada hecha para deslizarse despacio a un remo pero que él hacía impulsar a toda velocidad a ocho remeros que se reían a carcajadas mientras el turista sacaba fotos a placer para sacarle el jugo a sus dólares. Contraste deleitoso de dos culturas.

Este concepto del no-tiempo es ingrediente esencial en la paz, el reposo, la tranquilidad que rezuma el Oriente, y que el Occidente comienza a descubrir con admiración y no sin provecho propio. Pero hay un peligro en ese concepto, y el peligro es también real. La tranquilidad puede degenerar en dejadez, y el reposo en pereza. Gandhi, eminentemente oriental pero abierto a toda influencia positiva, combinaba las virtudes orientales con lo que de bueno y válido había él observado en Europa, y trabajó por trasmitir la misma actitud a su pueblo. Con espíritu práctico apreció el valor del tiempo, y en su persona y en su ejemplo demostró una vez más el arte de vivir día a día y minuto a minuto... sin perder nunca la paz. Era puntual sin piedad, avaro de segundos, devoto de horarios, celador de citas. Apenas si tenía posesiones materiales, pero junto con sus gafas de alambre y sus sandalias de madera llevaba siempre encima un viejo reloj de bolsillo que a falta de bolsillo colgaba por fuera de su cintura. Y a compás de ese reloj marchaba el país entero.

El año de 1916 tuvo lugar en Godhra la sesión anual de la "Asamblea Nacional del Gujarat", que presidía Gandhi. Invitado especial en la asamblea era Tilak, el líder de mayor influencia nacional en la generación anterior a Gandhi, ya mayor de edad y siempre enérgico de carácter. Gandhi se presentó con su puntualidad acostumbrada, y Tilak, también con su falta de puntualidad acostumbrada, llegó media hora tarde. No era fácil decirle nada a Tilak en contra suya ni en privado ni mucho menos en público. Pero Gandhi lo supo hacer con maestría. Recibió a Tilak en el estrado con todos los honores y con sincero afecto. Alabó su labor heroica a lo largo de años por la independencia de la India, y luego añadió con una sonrisa: "Ahora eso sí; si la independencia llega media hora más tarde de lo que había de llegar, sabed todos que ese retraso se debe a Tilak". Se mezclaron las risas y los aplausos... y Gandhi había dado su lección.

Llegar tarde a una cita con Gandhi era perderla. Quien llegaba tarde no era admitido. Parte porque Gandhi estaría ya ocupado en otra cosa, y parte para que aprendiera la lección. Cierta vez un personaje importante llegó a protestar cuando Gandhi se negó a recibirle por haber llegado tarde, e incluso dijo que según su reloj había llegado a tiempo y que él no tenía la culpa si el reloj de Gandhi iba adelantado. Gandhi le mandó decir sencillamente que cuando se va a ver a alguien hay que regirse por el reloj de aquel a quien se va a ver. Y añadió sin piedad: "Decidle que venga mañana… y que llegue a tiempo".

Un día Gandhi había encargado a Kálelkar representarlo en una reunión en cierto pueblo de donde vendrían a buscarlo en coche a una hora determinada. Pasó esa hora, y Gandhi, a quien nada se le escapaba, notó que Kálelkar estaba todavía en casa. Enseguida le preguntó: "¿Cómo es que no has salido todavía?". Kálelkar contestó: "Yo hace rato que estoy preparado y esperando, pero no puedo ir hasta que no me vengan a buscar. Ni sé el camino ni tengo coche".

Gandhi se enfadó con él y le dijo muy serio delante de todos: "Eso no vale. En cuanto fue la hora tú debiste haber salido. ¿Qué importa que no tengas coche? Echa a andar. Si tardas dos días andando, los tardas. Y si no sabes el camino lo preguntas. Tú no eres responsable de llegar a tiempo, pero sí de salir a tiempo. En cuanto llega la hora a nosotros nos toca salir. Si no estás dispuesto a hacerlo así, no puedes representarme".

Gandhi no sólo decía a sus seguidores que tenían que hacer eso, sino que lo hacía él mismo. En Ahmedabad aún se recuerda el día en que Gandhi fue en bicicleta por las calles de la ciudad. No llegaron a tiempo los que iban a buscarlo y echó a andar. Por el camino vio a uno de los miembros del ashram que iba en bicicleta, se la pidió prestada y montado en ella legó a la cita entre la sorpresa y los saludos de todos los que le reconocieron por el camino. No hubo fotógrafo a mano para captar la escena, pero ha quedado archivada en la memoria de los ciudadanos de Ahmedabad que aún señalan hoy el camino que Gandhi recorrió aquel día en bicicleta. El siguiente episodio no es tan conocido, pero aún más aleccionador.

Gandhi estaba en Bombay e iba a salir en el tren de la tarde para Delhi. Un comerciante de Bombay que estaba presente cuando se planeaba ante Gandhi cómo ir a la estación aquella tarde se adelantó inmediatamente y dijo: "No os preocupéis, yo enviaré aquí mi coche con el conductor. No hay problema".
Gandhi contestó:
—Acepto, pero el coche tiene que estar aquí a tiempo.
—Dígame a qué hora lo quiere.
—A las cuatro en punto aquí en esta casa.
—A las cuatro en punto estará aquí.
Por la tarde al acercarse la hora Gandhi fue ultimando todo y se preparó para salir. A las cuatro menos cinco echó un vistazo afuera. El coche aún no había llegado. Miró su reloj y esperó cinco minutos. A las cuatro en punto dijo a su secretario: "Mahadev, es ya la hora, así es que yo salgo". Y cogiendo su bastón echó a andar con el paso ligero que sabía tomar cuando iba a algún sitio con tiempo justo.
Sus seguidores se horrorizaron al verlo lanzarse solo en medio del tráfico loco de Bombay. El dueño de la casa en que Gandhi estaba hospedado salió corriendo tras él y le gritó: "Espere usted, por favor, yo le traigo un taxi inmediatamente". Pero Gandhi no se paró a oírle, y siguió abriéndose paso a toda velocidad.

Entretanto llegó a la casa donde se había hospedado Gandhi el coche del comerciante que se había ofrecido a enviarlo, con el conductor. Cuando éste cayó en la cuenta de que por su culpa un gran personaje había tenido que salir andando hacia la estación se apenó y se amedrentó. Sin perder tiempo salió con el coche camino de la estación y alcanzó a Gandhi. Paró el coche a su lado y le suplicó: "Por favor, suba". Pero Gandhi sin dejar de andar le dijo: "No subo. He de llegar a la estación andando. Pagaré yo por tu falta. Si me subo ahora al coche, tú no aprenderás nunca. Hay que llegar a la hora y salir a tiempo. No lo olvides nunca". Siguió andando deprisa y llegó a la estación a tiempo.

Al verlo llegar a pie los que le esperaban en la estación quedaron asombrados. Él les explicó la situación y añadió: "Cuando ese comerciante se entere me temo que se lo haga pagar al conductor y quizá incluso lo quiera despedir. Decidle de mi parte que no lo castigue. Ya lleva bastante susto. Pero que todos aprendan a ser puntuales".

No quedó tiempo para hacer el discurso de despedida que habían preparado para la estación. Pero para Gandhi esa lección era más importante que un discurso.

El episodio no necesita comentario, y no se lo hago. Tampoco lo necesita el siguiente.

El líder de Saurashtra, Fulchandbhai, estaba pasando una temporada con Gandhi en el ashram de Ahmedabad. Un día fue a verlo y le dijo:

—Tengo que pasar unos días fuera.

—¿Cuándo quieres marchar?

—Mañana mismo.

—¿Y cuándo volverás?

—Probablemente, el sábado; y si el sábado no puede ser, entonces seguro, el domingo.

—Eso no vale. La fecha ha de ser fija. Si es el sábado, el sábado, y si domingo, domingo. Pero dejar las cosas al aire no se permite aquí.

—Bien, entonces, el sábado por la tarde estaré de vuelta aquí.

—De acuerdo. Y ahora fíjate bien. Una vez dada la palabra hay que cumplirla. Y para estar a tiempo en una cita hay que estar atento bien de antemano y prever todo lo que pueda pasar. Mientras no haya una emergencia seria hay que presentarse. De modo que el sábado por la tarde espero una de tres: o te presentas tú aquí, o llega una carta diciendo que estás enfermo, o recibo un telegrama diciendo que te has muerto. No hay cuarta opción.

El sábado por la tarde Fulchandbhai estaba de vuelta en el ashram.

La insistencia de Gandhi daba frutos. Comenzaba a tener la satisfacción de ver que sus compañeros y seguidores aprendían de él, y al hacerlo así se convertían ellos mismos en propagadores de las mismas ideas. Nada le daba más alegría a Gandhi que ver cómo sus colaboradores asimilaban sus principios y los ponían en práctica. Ramnaresh Tripathi, escritor y orador de altos vuelos, cuenta la siguiente experiencia:

El año 1918 se tuvo en Bombay la reunión anual del círculo de escritores y poetas. Asistían los personajes más importantes de la política y de las letras, y presidía Gandhi. Iba a haber discursos en hindi, en gujarati y en marathi, y la lista de oradores era bien larga. Mi nombre era el último en la lista.

Al ver la lista y mi nombre en ella, Gandhi me preguntó:

—¿Cuánto vas a hablar?

—Hora y media.

—No. Tres cuartos de hora.

—Con eso no tengo ni para empezar.

—Tú verás cómo te arreglas. Tres cuartos de hora.

Aquellos eran tiempos de discursos largos. Los discursos breves no se apreciaban. Yo siempre hablaba largo y no tenía práctica ninguna de hablar con brevedad. Para esta ocasión había preparado un discurso bien largo, y no sabía cómo acortarlo. Pero a Gandhi había que obedecerle, e hice lo que pude. Suprimí partes enteras del discurso, abrevié otras, y desde que empecé a hablar no hice más que mirar el reloj. Por fin lo conseguí. Al acabar el discurso dije: "Se me habían concedido cuarenta y cinco minutos para hablar, y acabo cuando han pasado exactamente cuarenta y tres. Me sobran dos minutos, que le regalo respetuosamente al presidente, señor Gandhi".

Gandhi se alegró visiblemente al oír que le regalaba dos minutos, y se puso a aplaudir. Luego dijo: "Esta es la primera vez en la vida que me regalan tiempo, y lo aprecio tanto más cuanto que, de ordinario, no hacen más que quitármelo. Aunque toque la campanilla para que acaben, no me hacen caso y siguen hablando. Que todos imiten el ejemplo de hoy. Ahorrar tiempo es también patriotismo".

Y por fin, el ejemplo más notable (y el más caro) de la puntualidad de Gandhi:

Gandhi andaba viajando por el noreste de la India con un programa muy apretado de reuniones en varios sitios, entre ellos en la aldea de Navabganj. Las distancias eran enormes y el terreno difícil. Para llegar a Navabganj, Gandhi y sus acompañantes tenían que coger el correo de Calcuta hasta Podadih, cambiar allí al correo de Daka hasta Goalando, y de allí en vapor hasta Navabganj. Pero unos corrimientos de tierra retrasaron la salida del correo de Calcuta, y aunque se trabajó rápidamente para volver a dejar la vía libre, calcularon que iban a perder la combinación y no llegarían a tiempo para coger el vapor de Navabganj, con lo cual habría que suprimir la visita proyectada y anunciada en aquel sitio. Así se disponían a hacer cuando Gandhi intervino y dijo: "He prometido llegar a ese pueblo en ese vapor, y me esperan. He de acudir a la cita con ellos con la misma exactitud y puntualidad con la que llego a una cita con el virrey. No son menos importantes. Haced lo que haga falta y gastad lo que sea preciso, pero quiero estar en Navabganj a la hora que hemos anunciado".

Satishbabu, que era el amo de Calcuta y viajaba con Gandhi, propuso poner un tren especial para la comitiva, y Gandhi aceptó la propuesta inmediatamente. Hubo que pagar 1140 rupias, que en aquel tiempo era una cantidad enorme, pero Gandhi llegó a tiempo a la cita.

Gandhi sabía ser avaro con el dinero. Comerciante de casta, llevaba cuenta mental de todo lo que se gastaba, y ahorraba a conciencia. Un día no pudo encontrar el cabo de lápiz que usaba, y le pidió a Mahadev que se lo buscara. Mahadev le dio prontamente otro lápiz, pero Gandhi no lo quiso. Dijo que al otro aún le quedaba un poco de mina y había que aprovecharlo. No paró hasta que lo encontraron. Por jabón usaba una piedra lisa, y una vez, al final de su vida, viajando en días difíciles por una región hostil y agitada, cayeron en la cuenta al hacerse de noche que se habían olvidado la piedra en la aldea anterior, y Gandhi hizo ir de noche sola a la frágil y joven Maniben a recuperar la piedra: lección de valor y lección de austeridad. Shankarlal Banker me contaba el bochorno que se llevó cuando, al estar en la cárcel junto a Gandhi, quiso presumir de cómo se lavaba la ropa él mismo haciéndolo enfrente de Gandhi para que le viera. Gandhi lo observó un rato y le dijo con enfado: "Así no se lava la ropa. Gastas tal cantidad de agua y jabón que te arruinarías si tuvieras que vivir de ese oficio. Te voy a enseñar yo cómo se hace". Y con eso Gandhi se puso a lavar la ropa con un mínimo de agua y jabón como si estuvieran en tiempo de sequía. Y sin embrago la lavó a conciencia. Ese mismo Gandhi, que tan tacaño podía ser con sus gastos, podía ser también pródigo cuando se trataba de llegar a punto a una cita. Nehru dijo una vez: "Cuesta mucho dinero mantener a Gandhi pobre". Y a Gandhi mismo le gustaba repetir esa cita con su sonrisa traviesa. Austero para sí mismo, no reparaba en gastos cuando se trataba de mantener sus principios y educar a su pueblo. Y el respeto al tiempo fue una de sus grandes lecciones.

EL DESOBEDECEDOR OBEDIENTE

Junto con el respeto al tiempo, el respeto a la ley fue otra gran lección de Gandhi. Y aquí se encontró con un problema tan difícil que necesitó todo su tacto y todo su talento para labrar una solución. Gandhi se oponía a las leyes injustas de los ingleses, las desobedecía él mismo e incitaba a otros a desobedecerlas. Y eso se aprende fácilmente. Con ello venía el peligro, peligro real y muy preocupante para Gandhi, de que al pasar de la ocupación colonial a la independencia, un pueblo acostumbrado a desobedecer las leyes de los ingleses siguiera desobedeciendo las leyes propias.

Es fácil organizar una protesta. Es fácil soliviantar a la plebe. Todo el mundo sabe dejar el trabajo, echarse a la calle y gritar y vociferar contra quien sea y contra lo que sea, a veces sin enterarse del todo contra quién o por qué se grita. Hoy se echan a la calle porque se lo pide Gandhi. Mañana se lo pedirá algún otro que quizá no tenga la razón, la seriedad, la responsabilidad que tenía Gandhi... y se volverán a echar a la calle. Después de haberlo hecho una vez por causa auténtica, el método queda consagrado y puede ya usarse por cualquier causa, sea justa o no. La gente no reflexiona, se deja llevar, y una vez acostumbrada a protestar, puede seguir protestando por cualquier cosa. Es fácil desencadenar la tempestad. Lo difícil es controlarla. Es fácil incitar al pueblo a desobedecer a los gobernantes. Lo difícil es inculcar respeto a la ley al mismo tiempo que se desobedece, educar al protestar, dar responsabilidad al tiempo de dar libertad.

Gandhi acometió la tarea comprometida, casi contradictoria, de llevar a su pueblo a la desobediencia de las leyes presentes y prepararle al mismo tiempo para la desobediencia 'civil', responsable, calculada, limitada a ese momento y a esa ley, y conservando al mismo tiempo el respeto más absoluto por el legislador, por la ley en general y por todas las otras leyes. Educación prolongada. Responsabilidad compartida.

El método de esa educación fue el característico de Gandhi: el ejemplo, la imagen, la anécdota. Hacer para que vean; hablar para que escuchen. Que todos vean al jefe de la desobediencia obedeciendo, al líder de la independencia sometiéndose. Gandhi protagonizó en su persona, en mil episodios instructivos, ese equilibrio delicado, o mejor dicho esa síntesis atrevida entre la observancia y la rebelión, sabiendo distinguir con finura de conciencia la ley injusta contra que revelarse, y la ley justa que seguiría obedeciendo siempre. Así expuso gráficamente su doctrina, hizo llegar a todos los confines de la India su actitud.

El mismo gobierno inglés, sin querer y sin saber, le ofreció repetidamente la mejor ocasión para practicar esa enseñanza, y Gandhi la aprovechó hasta el fondo. La ocasión fue la cárcel. Gandhi iba a la cárcel por desobedecer alguna ley del gobierno, y una vez en la cárcel obedecía hasta el mínimo detalle toda orden, reglamento o disposición de sus carceleros. El desobediente obedecía. Gandhi, que no reconocía la validez del dominio inglés sobre la India, aceptaba la jurisdicción de las autoridades de la cárcel sobre los reclusos y, ante todo, sobre él mismo. Su docilidad ejemplar tras los muros de la cárcel contrastaba con su desafío al poder en las calles. Y en el contraste iba la lección.

Los primeros en aprender la lección fueron sus compañeros de cárcel. Shankarlal Banker, prisionero con él en la cárcel de Yeravda, cuenta el siguiente episodio.

Dastane, el conocido líder del congreso en Bhusaval, fue condenado a trabajos forzados por su participación activa en el movimiento de no-cooperación con el gobierno. Lo enviaron a la misma cárcel en que estaba Gandhi, aunque no podía comunicarse con él, y le dieron orden de trabajar, según la ley y la condena que había recibido. El se negó a trabajar, y en castigo lo azotaron.

Cuando Gandhi se enteró de ello se presentó ante el director de la cárcel y le dijo: "En mi opinión, el prisionero que ha recibido sentencia de trabajos forzados, quienquiera que sea y por cualquier motivo que sea, debe trabajar. Nuestros voluntarios desafían a la ley con orden y respeto mientras se encuentran en libertad, pero una vez en la cárcel han de obedecer fielmente todas las leyes y órdenes de la cárcel. Yo así lo entiendo, y si usted me permite hablar con Dastane yo mismo se lo explicaré y lo convenceré".

El director apreció la actitud y la iniciativa de Gandhi, pero tenía órdenes de que no se comunicara con el otro prisionero, y le negó el permiso. Gandhi por su cuenta le envió un mensaje, y Dastane le hizo saber en respuesta: "Acepto sus razones y su consejo, y estoy dispuesto a trabajar. Sólo tengo una dificultad: antes me negué a hacerlo, y me azotaron; por eso si ahora cedo creerán todos que lo hago por miedo al látigo. Para evitar eso quiero poder decir públicamente que si me he presentado a trabajar es porque Gandhi me ha enviado un mensaje y ese mensaje me ha abierto los ojos y me ha hecho caer en la cuenta de mi verdadero deber".

Mientras tanto Gandhi había informado por su cuenta al director del mensaje que había enviado, y había pedido que, si ello también era contra la regla, le castigaran. El director al contrario admiró su nobleza de carácter y le agradeció haber solucionado tan acertadamente una situación apurada.

La propia mujer de Gandhi fue también testigo y objeto del cuidado que tenía siempre su marido por observar al detalle todas las reglas de la cárcel, en un episodio aún más íntimo y emotivo que el anterior.

La mujer de Gandhi, Kasturba, que estaba en libertad, fue a visitar a su marido en la cárcel con los debidos permisos. Acudió a la hora que le habían fijado y, en presencia de un oficial de la cárcel, como estaba mandado se reunieron marido y mujer y comenzaron a hablar. Tenían media hora para la entrevista.

Al oficial que se hallaba presente le pareció que no había necesidad de su presencia, tratándose de dos personas tan honorables como Gandhi y su esposa. Y así, para que pudieran hablar más libremente, desapareció discretamente sin decir nada y los dejó solos.

Al cabo de la media hora se presentó sonriente el oficial y les preguntó: "¿Habrán podido ustedes hablar a gusto, no es eso?". Esperaba que agradecerían su discreción al marcharse calladamente, pero Gandhi le contestó resignadamente: "¿Hablar? Lo poco que hablamos al principio cuando estaba usted. Después ya no hablamos nada". "¿Cómo es así?", preguntó el carcelero consternado. Y Gandhi le explicó con sencillez: "Conozco perfectamente las reglas de la cárcel, y sé que para poder hablar con un visitante tiene que estar presente un oficial de la cárcel. Observé que a poco de comenzar nuestra entrevista usted hubo de ausentarse, sin duda por tener otras ocupaciones, lo cual entiendo perfectamente. Desde entonces permanecimos callados hasta ahora que ha venido usted y nos despedimos".

¡A carcelero, carcelero y medio! El pobre oficial debió quedar de media pieza. Fue a hacerle un favor a Gandhi, pero no contaba con su punto de vista poco usual. Aunque en cierta manera sí le hizo un favor: le dio la oportunidad de proyectar con claridad la imagen de fidelidad a la ley que tanto cuidaba Gandhi. Gandhi amaba a su mujer, pero sacrificaba con gusto media hora de conversación con ella para dar ejemplo de obediencia. Desde la cárcel seguía enseñando.

En la misma cárcel había un prisionero africano de Somalia, cautivo desde hacía muchos años, que se llamaba Adán. A él le encargaron precisamente que se cuidara de Gandhi por creer las autoridades que no siendo indio no caería tan fácilmente bajo el influjo de Gandhi. Se equivocaban. Los tres primeros días actuó de vigilante celoso de Gandhi observando todo lo que hacía y no dejándolo solo ni un momento. El cuarto día se quejó a un compañero: "¿Para qué me han puesto a mí a vigilar a este santo? Se levanta a las cuatro de la mañana a hacer oración. Y luego se pasa todo el día ocupado que no tiene tiempo ni para hablar con nadie. Vigilarlo es perder el tiempo".

Desde entonces Adán se dedicó no a vigilar a Gandhi sino a ver en qué podía ayudarle. Al cabo de unos días se presentó ante Gandhi con el periódico del día, el *Times of India* en la mano. Sabía muy bien Adán que los prisioneros políticos tenían terminantemente prohibido leer el periódico, pero también sabía que todos, y más que nadie los prisioneros políticos, tenían un interés enorme en leer el periódico, y el día que conseguían a escondidas un periódico era día de fiesta para ellos. Quiso hacerle ese favor a Gandhi, y él mismo consiguió el periódico y fue con él a verlo.

Gandhi cayó en la cuenta enseguida:

—¿Qué es eso, Adán?

—Señor, el periódico. Es el de hoy, con noticias frescas. Lo he traído especialmente para usted.

—Lo siento, pero no puedo leer ese periódico. Eso contraviene las reglas de la cárcel y tú lo sabes muy bien. Llévatelo enseguida.

—Pero, ¡si a todos les gusta verlo! Lo he conseguido con gran dificultad y me he arriesgado al traerlo. Échele por lo menos un vistazo.

—Me hago cargo de todo lo que dices, pero no puedo aceptarlo. Va contra la regla. Llévate inmediatamente ese periódico y quémalo, si no tendré que informar de ello a las autoridades.

Gandhi era hombre y le hubiera encantado leer el periódico. Y si lo hubiera hecho, probablemente nadie se habría enterado. Pero Gandhi tenía conciencia de su responsabilidad como hombre y como jefe de toda la nación. Sus acciones eran normas, su conducta era doctrina. Y no leyó el periódico.

Pero ese episodio tuvo un fin más humano que arroja una luz especial sobre el carácter de Gandhi. A pesar de su dureza aparente algunas veces, Gandhi no era rígido, no era inhumano, no era insensible. Sabía ceder, sabía dejar los principios a un lado, sabía reconocer la excepción a la regla, sabía reconocer más que nada un toque de humor. Eso ocurrió bellamente en la ocasión del periódico.

Adán se quedó sin saber qué hacer. Pero no se resignaba a quemar el periódico. Después de tanto trabajo y tanto riesgo no estaba dispuesto a echar todo por la ventana. Se le ocurrió un truco. Volvió al ataque y le dijo a Gandhi: "Usted es un gran personaje, usted es un santo y no lee el periódico. Me parece muy bien. Pero yo no soy santo, yo hace mucho tiempo que salí de mi país, y en este periódico habrá también noticas de mi tierra. Yo no sé leer y no puedo enterarme. ¿No será usted tan bueno que vea qué noticias hay de mi país en este periódico y me las lea?".

Gandhi comprendió el truco enseguida y sonrió: era una manera indirecta de hacerle leer a él el periódico. No quiso desilusionar a su devoto vigilante y ayudante. Precisamente había entonces guerra en Somalia, y le leyó a Adán las noticias de su patria. Adán se alegró sobremanera, no por haber sabido noticias de África, sino por haberle hecho leer el periódico a Gandhi, y salió dando saltos como un niño y gritando: "¡Le he convencido, le he convencido! ¡Gandhi ha leído el periódico!". Y Gandhi se alegró con su alegría.

La excepción que Gandhi supo hacer a la regla habla aún más a favor suyo y de su grandeza que su insistencia habitual en seguir la regla. Ello hace ver que si Gandhi hacía hincapié en la regla no era por rigidez mecánica o falta de comprensión. Comprendía y tenía flexibilidad, y sabía demostrarlo cuando llegaba el momento. Sabía alegrar a un hombre sencillo, aun sacrificando a ello su trono de Mahatma.

En conjunto en toda su vida Gandhi pasó 2338 días en la cárcel. Aparte del trabajo que siempre le acompañaba en su misma celda, aprovechó esos días para proclamar con su ejemplar obediencia el respeto a las leyes, a la autoridad, al gobierno. Una estampa que resume esta actitud profunda y digna de Gandhi fue la del juez inglés que al entrar Gandhi como acusado en la sala, contra todo protocolo, norma o tradición, se levantó de su silla él mismo en respeto, haciendo con su ejemplo que toda la sala se levantase en homenaje a aquel hombre a quien él iba a condenar como juez, y a quien veneraba como admirador. Había aprendido claramente la lección de Gandhi, el obediente desobedecedor de las leyes de su gobierno.

TRABAJAR SIEMPRE

Gandhi aun en la cárcel se levantaba temprano y trabajaba todo el día. Y no sólo en la cárcel sino toda su vida. El trabajo constante era rasgo esencial de su personalidad y elemento fundamental de su eficacia. Eso se olvida fácilmente y se tiende a representar a un Gandhi, rápido en sus análisis y genial en sus decisiones, que apenas necesitara estudio personal o trabajo directo. Nada más lejano de la realidad ni mayor obstáculo para entender a Gandhi. Era trabajador concienzudo, meticuloso, incansable. Preparaba las visitas, estudiaba los problemas, meditaba las soluciones. Su reacción ante cualquier situación nueva era recoger información, consultar, analizar. Nada de precipitarse o improvisar. Ello requería mucho trabajo, y a él se prestaba Gandhi sin regateos. El trabajo duro fue su fiel acompañante toda su vida.

Un ejemplo típico fue su reacción ante la matanza de Jallianbag en Amristsar. En el momento más doloroso de la lucha por la independencia, cuando el general Dyer hizo disparar a su pelotón a sangre fría sobre una multitud totalmente pacífica de hombres, mujeres y niños causando innumerables muertos y heridos graves, toda la nación se sumió en el dolor, y los líderes políticos multiplicaron las acusaciones y recriminaciones contra el gobierno inglés responsable de tal indignidad. Gandhi se dolió más que nadie, pero su reacción fue más decisiva y más concreta. En vez de protestar en general, ordenó una investigación detallada. Él la dirigió personalmente y se encargó de redactar el informe final. Kálelkar recuerda:

La investigación duró tres meses. Se pidieron por escrito 1700 informes. Todo eso había que analizarlo, compararlo, reducirlo. Gandhi se encerró en el ashram y se dedicó en exclusiva al trabajo. Sufría al leer los relatos de aquel derramamiento de sangre tan injustificado como inhumano. Trabajaba literalmente día y noche sin casi interrupción. No dormía más que dos horas y media por la noche, y alguna vez por la tarde quedaba tan cansado que su cuerpo se negaba a seguir.

Un día lo observé que estaba sentado con el papel e la mano izquierda y la pluma en la derecha, y se había quedado dormido. Yo no hice ningún movimiento para no despertarlo, pero él mismo inmediatamente abrió los ojos, se estremeció levemente y se puso a escribir enseguida. No se perdonaba.

Aquello fue una ocasión especial, una emergencia nacional, pero para Gandhi esa intensidad de trabajo era normal. Un testimonio de la segunda etapa de su lucha por la independencia cuando ya no vivía en su ashram de Ahmedabad, pues había prometido no volver a ella hasta conseguir la independencia, y se había trasladado a Wardha en el centro geográfico de la India, como para afirmar, una vez más, gráficamente, que pertenecía a toda la India, sin distinción de provincias, y que su misión era para todos:

Banarsidas Chaturvedi fue a visitar a Gandhi en Vardha. Él lo había citado a las nueve de la noche para media hora. Hablaron exactamente hasta las nueve y media. Gandhi estaba de muy buen humor y rió mucho e hizo reír a su visitante Cuando acabó la entrevista le dijo: "ahora déjeme, por favor, que yo me he levantado a la una y media de la madrugada y por la tarde solo he descansado veinticinco minutos. Banarsidas se quedó de una pieza al oír aquello, significaba que Gandhi llevaba veinte horas trabajando casi sin parar. Al contar esta anécdota Banarsidas repetía: "Gandi trabajó tanto para compensar nuestra pereza.

Un ejercicio diario, monótono, pesado, importante consistía en contestar el correo de cada día. Donde quiera que Ghandi estuviese parecía una oficina de correos. Le llegaban a diario centenares de cartas. Aún se exhiben en su ashram de Ahmedabad, convertida en museo, ejemplos curiosos de cartas que recibía. Un sobre lleva por dirección "A Gandhi, donde quiera que esté". Otro lleva sólo su nombre, sin indicación alguna. Otro, ni siquiera eso: le basta con el rostro dibujado de Gandhi. Y la carta llegó, hasta el cartero del más pequeño pueblo de la India conocía aquel rostro y tenía interés en que le llegase toda carta dirigida a él. Un testigo ocular describe el ejercicio epistolar diario de Gandhi:

> Gandhi recibe a diario docenas de cartas, y las lee y contesta una a una, personalmente, hasta el punto de que escribe las direcciones él mismo, a mano, en cada sobre. Insiste en que cada carta ha de contestarse el mismo día en que se recibe, y no se acuesta hasta haberlo concluido. A veces se le cansa la mano de tanto escribir, yo lo he visto pasarse la pluma de la mano derecha a la izquierda y seguir escribiendo, pues sabe hacerlo con las dos manos.
>
> También logra que las cartas salgan el mismo día o por la mañana del día siguiente. Cuando, en sus innumerables viajes, llega a algún lugar nuevo, lo primero que se preocupa por averiguar es por la hora en que sale el correo, e inmediatamente pone en marcha las contestaciones pendientes.

Cada semana edita dos revistas "Young India", en inglés y Harijan, en gujarati, hindi y urdu. El día que hay que enviar el material a la imprenta, la actividad en torno a Gandhi es digna de verse. Por un lado se preparan las traducciones, por otro se escriben los artículos a máquina, y por otro, se van metiendo en sobres con las direcciones y los sellos correspondientes. Gandhi lleva la dirección de todo y va dando órdenes, según hace falta. Si ve que el trabajo se retrasa en algún sector, se pone él a trabajar allí. Los artículos que no escribe él mismo, los lee siempre antes de enviarlos. Todo tiene que estar acabado antes de la hora del correo. Gandhi pregunta quién va a llevar el correo y cuándo saldrá. Y con eso pasa la marea... hasta la semana siguiente.

Otra insistencia de Gandhi, que hay que colocar en su contexto para entenderla, es el trabajo manual. Trabajar con las manos no está bien visto en la India. Lo aprendí a costa mía, la primara vez que fui a dar clase en la universidad de Ahmedabad. Al entrar en clase noté que el tablero estaba lleno de texto escrito y, para ganar tiempo, mientras yo pasaba lista, hice lo que en España hacían mis profesores en semejante situación: darle el borrador a un chico del primer banco e indicarle que, por favor, borrase la pizarra. Nunca lo hubiera hecho. El chico se sonrojó y se negó a coger el borrador. La clase entera se levantó con gesto de defender a la víctima. Me acusaron ante el rector de mandar hacer trabajo de criado a un chico de buena familia. El rector comprendió mi ignorancia... y me advirtió que no lo volviera a hacer. Trabajar con las manos es denigrante, y pedirle a un estudiante que borre el tablero, ante toda la clase es una humillación sin nombre. Me confesó un amigo mío indio que la primera vez que cogió una maleta en sus manos fue en el aeropuerto de Nueva York, cuando llegó y se encontró, con gran sorpresa suya, con que no había maleteros. Era inconcebible para él, pero tuvo que hacer lo que nunca había hecho en su vida: cargar con las maletas. Parte es la herencia maniquea que todos llevamos dentro y, según la cual, la materia mancha; parte el concepto de casta que limita ciertos trabajos a ciertos grupos, y parte la pereza natural de preferir que otros trabajen por mí. El resultado es un prejuicio universal y dañoso que entorpece el curso normal del trabajo, rebaja a quienes hacen ciertas labores, desconoce el valor la dignidad de la persona humana, de su cuerpo, de sus manos y de todo lo que ellas hacen. Gandhi se alzó contra ese prejuicio y lo atacó de palabra y de obra.

No comprendemos –son palabras de Gandhi– la dignidad del trabajo corporal. Hemos divorciado al cuerpo del entendimiento, a las manos del cerebro. Hay millones de gentes entre nosotros que no usan sus manos como manos, y esa es la mayor tragedia. Somos mancos de hecho. Para muchos la mano no es más que un pie más, dado el uso tan limitado que hacen de ella. En realidad la mano es la gloria del hombre, su distintivo especial, su posesión más valiosa. Al no usarla como es debido la naturaleza nos condena a ser tullidos... en el cuerpo y en el alma.

La imagen que muchos tiene de Gandhi, la fotografía repetida y comentada es la de su apacible figura ya en años con escaso pelo blanco, sentado, inclinado, hilando atentamente en la rueca. Era su compañera inseparable. En cuanto tenía las manos libres se ponía a hilar. Podía hilar mientras hablaba, pensaba, rezaba. Hacía trabajar a sus manos con cariño, con destreza, con suavidad. Hilar no era distracción para él. Él lo llamaba un sacramento. Le gustaba decir que la circunferencia de la rueca es pequeña, pero su mensaje abarca el mundo entero. Mensaje de identificación con las masas, de sencillez, de auto-independencia, de patriotismo. "Quiero morir con mi mano en la rueca" llegó a decir Gandhi.

Gandhi era buen tejedor. Y buen político. Cuando en Inglaterra visitó a la familia real pensó en llevar un regalo para la reina madre. El regalo fue un chal de tela tejido por él mismo. En la colección de regalos del palacio de Buckingham no es probable que haya muchos objetos como ese.

AMIGO Y AMO DE SU CUERPO

Si Gandhi hacía trabajar a su cuerpo, también se cuidaba de él. Y al cuidarse de él daba la lección de que el cuerpo es importante, esencial para el bienestar del individuo y para el bienestar del país. Al educar a la nación para la independencia quería una nación sana y fuerte en la mente y en el cuerpo. Sabía el proverbio guajarati y lo citaba: "La primera virtud es la salud." Tan importante como la libertad política de un poder colonial, es la libertad de la enfermedad, de la malnutrición, de la miseria. Y, como siempre, comenzaba por experimentar en sí mismo primero lo que había de enseñar a otros. Un biógrafo se queja de que al relatar Gandhi en su autobiografía su estancia en Londres, dedica más espacio a los experimentos que hacía en materia de alimentación que a sus estudios o a sus ideas. Tenía verdadera obsesión por el estudio de la alimentación, y no paraba de hacer cambios en lo que comía y de observar los efectos en su salud y en sus fuerzas. Vegetariano por familia y por religión, a los quince años se puso a tomar carne a escondidas por cosa de un año, lo dejó después, prometió a su madre no tomar carne en Inglaterra, y en diversas etapas de su vida hizo votos de todo tipo como de comer una sola vez al día, de tomar sólo frutas, de tomar leche, de tomar sólo cinco cosas en la comida.... con las discusiones divertidas a que ello daba lugar entre sus amigos a la hora de preparar. Hay un proverbio sánscrito que dice, "El que controla el paladar controla todos sus sentidos." Gandhi concedió una gran importancia al control del paladar, y lo incluyó entre los votos obligatorios para los moradores de su ashram. (Los otros votos eran: decir la verdad, observar la no-violencia, moderación sexual, no usar más de lo necesario, no poseer nada propio, no usar productos extranjeros, vestir ropa hilada por uno mismo, fomentar las lenguas indias frente al inglés, rechazar la "intocabilidad", nunca tener miedo.) Escribió:

> Estoy convencido de que el sentido del gusto radica no en la lengua sino en la mente. Un caballo o una vaca no se desenfrenan al comer como lo hace el hombre. Hay que usar la mente para controlar el apetito, no para excitarlo. Confundimos el grado de civilización con el grado de complicación al preparar el alimento. Cuantos más condimentos se usan, más hacen falta; y al contrario, cuanto más nos acostumbramos a comidas sencillas, más gustosas se nos hacen.

Kálelkar me contó el problema que tuvo al llegar al ashram de Gandhi. El alimento diario mañana y tarde era el arroz, pero en el ashram por orden de Gandhi se cocía y comía con cáscara. Kálelkar no lo podía tragar y le expuso su dificultad a Gandhi, Este le explicó despacio las ventajas, no ya puramente espirituales sino nutritivas del arroz con cáscara frente al pelado y despojado de vitaminas y fibra. Kálelkar aceptó el argumento, decidió probar, se fue acostumbrando poco a poco, y llegó un momento, según él mismo me confesó, en que el arroz blanco le llegó a parecer insípido, mientras con cáscara le parecía mucho más sabroso. Y me repitió el principio de Gandhi: el gusto reside en la mente.

El aspecto más llamativo de las meditaciones y experimentos de Gandhi en su cuerpo y en su mente fue el de la abstinencia sexual. La palabra sánscrita que se usa también en las lenguas indias modernas y a la que ninguna traducción en la lengua occidental hace justicia es brahmacharya. Gandhi iba a su raíz etimológica y la interpretaba en su sentido más universal como "andar según Brahma", esto es, "vivir según Dios", aunque en la práctica se traduce por continencia o castidad. La tradición india concede un valor enorme a esta virtud, y es doctrina común, aceptada por Gandhi, que sin ella no se puede escapar de la muerte. La palabra "semen" se traduce por *virya* que también significa mucho más: es la raíz "vir", que a través del latín llega a nuestro "viril" y "virilidad", y esa palabra se usa hoy para significar energía vital, fuerza, coraje, valor y todo lo relacionado con la masculinidad. Cualquier joven indio considera hoy la pérdida de *virya* como una verdadera catástrofe, y cree que le acarreará la pérdida de la salud, la memoria y la virilidad. Gandhi escribió palabras que cito con respeto aunque encierren una manifiesta exageración:

> El célibe auténtico gozará de una salud perfecta, y ni siquiera sufrirá un catarro. Su cuerpo reflejará el brillo de su poder espiritual, su inteligencia será aguda y penetrante, su memoria infalible, y vivirá en pleno uso de sus facultades físicas y mentales hasta edad muy avanzada. Quien conserve en sí el fluido fuente de la vida, conserva su vitalidad y asegura su fortaleza.

Cuando a Swami Vivekananda, que tenía una memoria extraordinaria, le preguntaron el secreto de su gran memoria, contestó con seriedad: "Tengo buena memoria porque soy casto." Cuando a Kálekar, que vivió con una salud envidiable hasta los noventa y ocho años, alguien le preguntó en mi presencia cuál era el secreto de su larga vida, contestó con más sentido del humor y de la realidad "Podría contestar que el secreto es el celibato que guardo fielmente hace más de sesenta años, y me lo creeríais todos; pero la verdad es que conozco a célibes auténticos que han muerto bien jóvenes, y a libertinos que han vivido largas vidas... de modo que el criterio no resulta." Nos reímos todos los presentes, y yo admiré su sinceridad espontánea y su humildad al renunciar a una aureola que tan fácilmente le concederían todos sus oyentes. Conocía la creencia popular sobre los efectos milagrosos de la continencia, pero no se aprovechó de ella. A Gandhi le influyó esa creencia como le influyó probablemente la experiencia traumática de su juventud de encontrase en el lecho con su mujer cuando su padre murió en la habitación contigua. Con dureza para consigo mismo se reprochó lo que consideró ceguera de su pasión que le impidió caer en la cuenta de que se trataba de las últimas horas de vida de su padre y no le permitió estar a su lado en el momento en que murió. Pero, más que nada, fue el deseo de presentar un cuerpo sano y fuerte a la causa del servicio de las masas y de la libertad del país lo que le impulsó a practicar y propagar el control sexual.

A los treinta y siete años de edad y tras veinticuatro de matrimonio, Gandhi, de común acuerdo con su mujer, decidió observar completa abstinencia sexual, y llevó a cabo fielmente su propósito hasta la muerte. Más adelante escribió sobre ese día decisivo:

> El día en que hice aquel voto fue el día que comencé a ser libre. Y mi esposa también se convirtió en una mujer libre, libre de mi autoridad y libre de la obligación de satisfacer mi apetito sexual. Para mí ella se convirtió en algo sagrado, y toda mujer en mi madre o hermana. Ese paso definitivo me ayudó grandemente, tanto en mi propio crecimiento interior como en mi consagración a la causa nacional. Quien quiera

servir a la nación y adelantar en el camino del espíritu debe observar celibato completo, sea soltero o casado.

Más razonada y más importante era la insistencia de Gandhi en la higiene y en la salud. Esa es la primera lección que había que aprender y que había que enseñar.

Una vez que se hallaba Gandhi visitando una región pobre en el norte de la India en compañía de su mujer, le propuso a ésta que abriese ella una escuela para los niños de allí. Con su sentido práctico y realista le contestó su mujer: "Yo ni siquiera sé la lengua de esta región, de modo que no puedo enseñarles ni el alfabeto. ¿Quieres que les enseñe en guajaratí que ellos no entienden?"

Gandhi tenía respuesta para todo y le contestó: "La primera asignatura que hay que enseñar es la limpieza, y para eso no hace falta lenguaje. Lávales y báñales, los dientes, haz que se acostumbren a andar siempre limpios. Esa es la educación fundamental, y puedes empezar con ella desde ahora."

Otro gran foco de la atención constante de Gandhi era la enfermedad. En el cuidado de los enfermos veía también el servicio a la nación, a la humanidad, el ejercicio del amor a todos, la identificación con los que sufren. Él mismo se encargaba personalmente de los enfermos a su alrededor y les dedicaba todo el tiempo necesario aunque quitándoselo a veces a reuniones de estado importantes. También en eso quería que todos aprendiesen, y se dedicaba a ese trabajo con convicción generosa y alegría sincera. He aquí un ejemplo que vale por muchos:

El sabio profesor Porchure Shastri se había dedicado en su edad avanzada al trabajo social en los pueblos y había contraído la enfermedad de la lepra. Había perdido los dedos y la nariz, y estaba lleno de llagas que supuraban constantemente. Tuvo el deseo de ver a Gandhi antes de morir, ya que nunca lo había visto, y así se dirigió a Vardha donde estaba Gandhi por entonces. Llegó al ashram al atardecer, y se quedó en la puerta de fuera sin entrar, pidiendo sólo que saliera Gandhi para poder verlo. Alguien dio el recado a Gandhi: "Allí fuera hay un anciano desamparado que dice que quiere verle a usted antes de morir."

Gandhi salió, miró y reconoció enseguida al profesor. Lo saludó con gran cariño y le invitó: "¿Qué hace usted parado ahí fuera? Venga conmigo al ashram." El anciano se emocionó y protestó con lágrimas: "Y quién se cuidará de mí allí? Fíjese usted en qué estado estoy." Gandhi le cortó: "Yo me cuidaré de usted. Mientras esté yo no le faltara cuidado. Vamos adentro."

Gandhi hubo de insistir, y por fin lo convenció.

Le dio alojamiento al lado mismo de donde él vivía, y todos los días le hacía las curas él personalmente, le cambiaba los vendajes y le daba masaje. No dejó de hacerlo un solo día por ocupado que estuviese.

Un día estaban reunidos con Ghandi en Varda todos los miembros del ejecutivo del congreso nacional en sesión importante. En mitad de la sesión en la que se estaban tratando temas de suma importancia, Gandhi se levantó para marcharse. Nehru le detuvo: "¿A dónde va usted? Su presencia es indispensable para la discusión de los temas que estamos tratando, y usted lo sabe." Gandhi se excusó: "Tengo trabajo allá fuera." Nehru se molestó y protestó enfadado: "Hay trabajo más importante que la independencia del país?" Gandhi contestó sencillamente: "Es la hora de cuidarme de los enfermos. Me está esperando parchuré Shastri para la cura diaria. Para mí el cuidado de los enfermos es más importante que la independencia." Y marchó a su trabajo.

No es que el cuidado de los enfermos fuera más importante que la independencia, sino que en la mente de Gandhi y en realidad era parte de ella. Libertad no sólo del yugo extranjero sino de la esclavitud de la enfermedad; plenitud no sólo de vida política sino de vida física y mental y cultural. Educar al cuerpo para la independencia como educar la mente y educar el alma. Todo era parte de un programa único, de una visión completa, de un renacer total. Gandhi lo veía, lo sentía, lo vivía, y de manera espontánea y natural lo comunicaba a quienes le rodeaban. Era más importante que los miembros del ejecutivo lo vieran cuidar a un leproso, que la discusión de los problemas del país. Todo contribuía a conseguir la independencia.

Gandhi mismo fue ejemplo en su cuerpo de lo que predicaba sobre él. A pesar de sus ayunos, sus trabajos, sus desvelos, sus viajes constantes, mantuvo siempre un cuerpo sano y una mente alerta los setenta y nueve años que vivió. Hicieron falta tres balas en el pecho para derribar aquel cuerpo que, con austeridad y cariño, había educado para el trabajo.

EL ARTE DE CONVENCER

El arte de convencer de Gandhi merece estudiarse. No era orador, no era dialéctico, no era sofista. Su estilo literario en todo lo que escribió, que fue muchísimo, tampoco es deslumbrante ni arrollador ni siquiera artístico. Es sencillo, claro, directo. Dice lo que tiene que decir sin afectación, sin pasión, sin preocupación de convencer. Su prosa se caracteriza por una confianza en sí mismo que sabe que puede exponer claramente lo que quiere, y confianza en el lector que entenderá lo que hay que entender y sacará las conclusiones que hay que sacar. Con esa misma doble confianza hablaba, y en ella radicaba el poder extraño de su oratoria que desconcertaba a los que se fijaban sólo en el exterior sin pretensiones de sus discursos o sus escritos. Kálelkar recuerda el siguiente incidente:

En 1915 Gandhi fue a Shantiniketan, la universidad literaria, artística, patriótica de Rabindranath Tagore. Muchos estudiantes residían allí, y había una legión de cocineros y camareros para servirles en los comedores. Aquello no le gustó a Gandhi, quien propuso sencillamente que los mismos estudiantes trabajaran y se encargaran de las cocinas y comedores. Esa reforma era conforme a los principios de Tagore, pero había que ver si los estudiantes la aceptaban o no, pues en ellos había de recaer todo el trabajo, y si ellos no estaban conformes no se podía hacer nada. Se decidió que tendrían una reunión aquella noche y que Gandhi les hablaría. Dinbandhu Andrews, con la confianza que tenía con su "Mohan" como llamaba a Gandhi usando su nombre y no su apellido, le dijo para animarle: "Mohan, esta noche vas a tener que poner en juego toda tu elocuencia. Prepara un discurso deslumbrante que los hipnotice, pues si no se vendrá todo abajo.

Todo depende de cómo les hables tú." Gandhi no contestó.

Por la noche se juntaron los estudiantes, y todos estábamos impacientes por escuchar la elocuencia de Gandhi en aquel discurso especialmente preparado.

Estábamos, como dice la frase, con el corazón en las orejas", y ¿qué fue lo que escuchamos? Una vocecita débil, tranquila, casi fría; un tono de conversación ordinaria, una exposición breve y objetiva del asunto. Nada de oratoria, nada de entusiasmo, nada de fuego. Ni siquiera hizo un llamamiento a su patriotismo ni insistió en las ventajas del plan. Expuso la situación tranquilamente y se sentó.

Y sin embargo su palabra tan sencilla tuvo un efecto inmediato. Yo conocía bien a aquellos estudiantes, y sabía que trabajar en la cocina y el comedor era lo último a que se prestarían. Ni lo habían hecho nunca ni querían hacerlo. Sin embargo, en cuanto habló Gandhi se procedió a la votación libre, y los estudiantes mismos se animaron unos a otros y votaron todos a favor. A todos nos sorprendió agradablemente el resultado. El único que pareció no sorprenderse fue Gandhi.

Esa era su elocuencia: la sinceridad, la sencillez, la verdad. La retórica que trata de convencer hace ponerse en guardia al oyente, provoca ella misma la resistencia, destruye su mismo efecto. La exposición directa y transparente muestra confianza en la justicia y claridad de su propia causa, y al mismo tiempo se fía también del criterio y la sinceridad del oyente dejándole a él la responsabilidad de juzgar con ecuanimidad y tomar una decisión. Ese era el método de Gandhi.

Mi ejemplo favorito del poder persuasivo de Gandhi es el siguiente, que relata también Kálelkar. No se trata de un asunto político sino de lo que es mucho más difícil, un asunto familiar. Gandhi que llevaba sobre sus hombros el peso y la responsabilidad de gobernar el país entero, no desdeñaba el ocuparse de pequeños líos de familia si podía ayudar en ellos. Y aportaba a su solución la misma paciencia, el mismo tacto y el mismo conocimiento de gentes y análisis de circunstancias que aplicaban a problemas de alcance nacional. He aquí la muestra:

Una familia conocida de Gandhi se encontró con un problema que no sabían cómo solucionar. Habían celebrado los esponsales de una hija de la familia, esponsales que se consideraban casi tan serios como la misma boda, y que de deshacerse llevarían el oprobio a las dos familias y causarían graves problemas a todos. Sería muy difícil volver a encontrar otra pareja, y aun los hermanos y hermanas de los ex-prometidos encontrarían gran dificultad en casarse, pues nadie se fiaría ya de sus familias. Deshacer unos esponsales era sencillamente inusitado. Pero eso precisamente había pasado en esa familia. El novio se negaba a casarse con su prometida. Hicieron lo posible y lo imposible por convencerlo, obligarlo, amenazarlo, persuadirlo, pero no lo lograron. Desesperados y derrotados, decidieron acudir a Gandhi. Les daba reparo molestarlo por un asunto tan pequeño, pero para ellos era cosa bien importante y no encontraban otro remedio. Fueron a ver a Gandhi y le expusieron el caso.

Gandhi llamó al muchacho y trató de convencerlo. Al fin y al cabo él había aceptado casarse con aquella chica, y si no lo hacía pondría en grave aprieto a su novia con sus hermanos y hermanas, así como a sus propios hermanos y hermanas y desde luego a sus padres y a los de la chica. Las dos familias estaban presentes, y era la familia de la chica la que conocía a Gandhi y le pedía que convenciese al novio. Durante tres días Gandhi habló con el chico larga y pacientemente, pero no consiguió nada. El chico era tozudo en extremo, y todos pudieron ver el carácter tan desagradable que poseía. Por fin a los tres días se rindió y dijo que estaba dispuesto a casarse con la chica. Gandhi le hizo repetir eso ante todos, y los padres de la chica respiraron y le dieron las gracias profusamente por haber conseguido lo que nadie había logrado.

Entonces, Gandhi hizo que salieran todos, incluso el chico, y se quedó solo con la familia de la chica. Les dijo con seriedad en el tono: "Ya tenéis lo que queríais. El chico ha dicho que sí. Podéis casarlo con vuestra hija mañana mismo. Pero vosotros mismo habéis visto estos tres días como yo le he visto y como todos lo han visto, que ese chico tiene un carácter imposible. Vuestra hija nunca será feliz con él. Conozco todos los problemas que esto os crea, pero os pregunto directamente: "¿Aún deseáis después de ver esto que vuestra hija se case con él?"

Yo [sigue el relato de Kálelkar] me estaba fijando en la cara del padre de la novia. Reflejaba toda la batalla que se estaba librando en su interior. No conseguía decir ni sí ni no. Y Gandhi lo miraba fijamente con esa mirada especial suya que parecía traspasar de parte a parte. Pasó un buen rato de silencio tenso. Por fin el padre de la novia rompió a llorar y dijo con voz entrecortada: "Tiene usted razón, tiene usted razón. Que no se casen."

Gandhi llamó inmediatamente al chico y le dijo: "No quiero forzarte a hacer nada contra tu voluntad. Ya he hablado con todos, y quedas libre de los esponsales. Vete tranquilo."

Se fueron todos. Gandhi se volvió hacia mí, y antes de que yo pudiera hacer ningún comentario, me dijo con alegría y humor: "según las escrituras hindúes, salvar la vida a una vaca es un obra de gran mérito. Hoy acabamos de ganar una ternerilla inocente." Se rió con satisfacción ingenua y profunda, y observé que aquella sonrisa le duró todo el día.

Gandhi había visto desde el principio que a quien había que convencer no era al novio sino a los padres de la novia. Y también vio que si los atacaba a ellos directamente no conseguiría nada, pues creerían que lo hacía para ahorrarse el trabajo desagradable de convencer al chico. Por eso convenció primer al chico, se pasó tres días luchando con él, les dio la victoria en la mano... y con eso tuvo pleno derecho a pedirles que renunciaran a ella. Una vez convencido el chico, Gandhi tenía en sus manos la baza definitiva para los padres. Y así lo hizo con paciencia, con delicadeza, respetando a cada uno, sacrificando su tiempo, y teniendo siempre ante los ojos el bien de la única persona que no estaba presente y de la que parecían haberse olvidado todos, la chica condenada a casarse con un joven inepto y rebelde, la "ternerilla inocente" que quizá nunca llegó a saber quién le había salvado del matadero.. Para mí la grandeza de Gandhi, su intuición, su juicio instantáneo y certero de los hechos, su arte de persuadir y su virtud de esperar, su sabiduría y su humor brillan tanto y más en un episodio como este que en la resolución de una crisis nacional. Triunfaba en las causas grandes porque sabía triunfar en las pequeñas.

Otro secreto del arte de Gandhi era el delegar. Sabía fiarse de otros, sabía hacer sentirse a cada uno responsable y tomar como cosa propia lo que le encargaba, porque lo dejaba efectivamente en libertad para llevar a cabo el encargo como mejor le pareciera. Con eso hacía valerse a cada uno, movilizaba sus recursos, multiplicaba sus cualidades, fomentaba su iniciativa. Gandhi se rodeó siempre de los colaboradores más valiosos, y supo hacerlos valer.

Al comenzar el complejo educacional de Ahmedabad escogió a tres hombres de su máxima confianza para que dirigieran, Kálelkar, Kishorlal y Narhari. La educación era de suprema importancia para Gandhi, y mantenía reuniones periódicas con ellos para evaluar resultados y planear proyectos.

En una de esas reuniones les dijo:

> Quiero aclarar una cosa. Esta escuela y universidad no son mías sino vuestras. La gente me conoce a mí, se fía de mí y yo me encargo de conseguir fondos para que esto funcione. Pero no por eso se hace mía la institución. Los consejos que aquí os doy son puramente consejos. Si no estáis de acuerdo con ellos, mandadlos a paseo. Haced lo que os parezca mejor a vosotros, sin reparo ni miedo de ninguna clase. Yo no soy profesor y no tengo ningún derecho a imponer mis ideas. Me fío plenamente de vosotros.

Esa actitud de confianza consigue mucho mejores resultados que el control más estricto. El hombre se crece con la confianza y saca a relucir todos sus recursos. Hay un proverbio peligroso en gujarati que dice, "bajo árbol grande no crecen plantas". Y se aplica a las personalidades fuertes que no permiten que nadie despunte alrededor suyo. Gandhi evitó ese peligro con su política consciente de delegar, confiar, fomentar la independencia. A Manuben, mujer y joven, le dijo: "No me gusta que nadie haga nada sólo porque a mí me gusta." Y cuando ella, de hecho, hizo algo distinto de lo que Gandhi había recomendado y le dio sus razones para ello, él se puso contento, la alabó ante todos y dijo: "Si todos obraran así, se haría mucho más fácil mi trabajo."

El principio de delegar lo aplicaba Gandhi no sólo a la acción sino a las ideas mismas. Delegaba principios así como delegaba proyectos. Quería que cada uno desarrollase las ideas por sí mismo, que no se contentara con tomarlas prestadas de él, que las elaborara por sí mismo. Kálelkar aprendió la no-volencia de Gandhi, y cuando se encontró en la cárcel con él pensó aprovechar la ocasión para refinar su concepto y profundizar en su teoría haciéndole preguntas y proponiéndole dudas. Pensaba en situaciones, casos, conflictos, y le preguntaban a Gandhi en detalle cuál sería la solución no-violenta en cada caso. Gandhi, al principio, le contestaba y le daba explicaciones sobre cómo procedería él en caso. Pero un día cuando Kálelkar fue con la lista acostumbrada de preguntas, Gandhi le atajó y le dijo:

Has tomado de mí la idea de la no-violencia. Ahora ya es tuya. Desarróllala a tu manera. Es una idea viva y se encarna de manera diferente en mí y en ti. No me preguntes qué haría yo en cada caso. Piensa más bien qué harías tú en cada caso, experimenta, examina y saca conclusiones por tu cuenta. Para que la no-violencia eche raíces en tu corazón tienes que tomarla como propia y entenderla y practicarla a tu manera. No me vuelvas a preguntar sobre ella.

Quien había dicho "la universidad es vuestra", dice ahora "la no-violencia es tuya". Entrega sus ideas como entrega sus instituciones, y esa es la manera de que crezcan ambas. Fiarse, entregar, delegar. Hacer que el trabajo resulte propio, personal, asimilado. Ganar por la confianza convencer por la candidez. Gandhi rehusó ser gurú de nadie, y al hacerlo así se convirtió en maestro de todos.

Prueba de lo genuino que era en Gandhi el deseo de que otros pensaran por su cuenta y siguieran sus propias luces, es el hecho de que Gandhi también sabía dejarse convencer y cambiar de opinión cuando otros razonaban con él. No era rígido ni obstinado, sino abierto y flexible, dispuesto a aprender y a corregir. Incluso en materia tan personal como sus ayunos a muerte sabía dejarse aconsejar y hasta llegó a cambiar su propósito alguna vez en vista de lo que sus compañeros le decían. Este aspecto de Gandhi es menos conocido, y es sin embargo importante para entender su compleja personalidad. Gandhi sabía ceder. La siguiente anécdota, por más íntima, menos conocida, que recogí de labios de Kalelkar, arroja una luz inesperada sobre el carácter de Gandhi.

Como resultado de la protesta no-violencia en las salinas de Dharásana muchos voluntarios pacíficos resultaron heridos de gravedad tanto en la acción misma como después en la cárcel donde la policía no cesó de golpearlos a veces brutalmente. Gandhi fue informado de esos abusos cuando estaba en la cárcel de Yeravda, y comenzó a pensar qué debía hacer él en esa situación. Kálelkar estaba con él en la cárcel.

Un día después de la oración en común por la noche, Gandhi se acercó a Kálelkar y le dijo: "No puedo sufrir el estar yo aquí tranquilamente en la cárcel como preso político mientras allá afuera la policía les rompe a palos la cabeza a nuestros jóvenes. Voy a escribirle una carta al virrey y entrar en huelga de hambre." "¿Por cuántos días piensa usted ayunar?" le preguntó delicadamente Kálelkar. "No se trata de días," contestó Gandhi, "este ayuno va hasta la muerte. Vivir en estas circunstancias no tiene sentido para mí."

Ambos quedaron serios y en silencio un rato largo, y al fin Kálelkar dijo con respeto: "Antes de que tome usted una decisión final, le ruego que me escuche. No vaya a creer que yo quiero meterme a salvarle la vida sólo por cariño hacia usted o por miedo a la muerte.

Yo también quiero pensar objetivamente y decirle con libertad lo que opino. Es verdad que nuestros jóvenes están sufriendo. Pero también es verdad que sin ese sufrimiento no se puede liberar a la nación. La libertad requiere el bautismo de sangre. Siempre lo ha requerido. Lo que hemos sufrido hasta ahora no es nada en comparación de lo que se sufrió cuando la rebelión patriótica del año 1857. Nos hemos hecho muy señoritos. Hemos perdido la costumbre y el nervio de ver brazos rotos y sangre derramada. Esta es la primera vez que se derrama la sangre en nuestra lucha. Déjela usted que corra. Si cada vez que le parten a uno la cabeza va a declararse usted en huelga de hambre, no acabaremos nunca. El sufrimiento es duro, pero él es lo que nos da fuerza y nos unifica. Ese es el precio de la independencia."

Gandhi no dijo nada. Quedó pensativo y se retiró. No volvió a hablar del asunto. Y no hubo huelga de hambre. Nadie más se enteró de ello, y el incidente quedó sólo en la memoria de Kalelkar.

Para mí es tan importante en la vida de Gandhi este ayuno que no se produjo como los que se produjeron y conoce todo el mundo. La grandeza de Gandhi se manifestaba no sólo en cómo sabía convencer a otros, sino en cómo sabía dejarse convencer.

LA CAMPAÑA DE LAS PULSERAS

"En imaginación me hice mujer para entrar en el corazón de la mujer." Palabras de Gandhi. Esfuerzo noble para llegar a comprender a la mujer, a apreciar su contribución indispensable a la vida del hombre y a la causa de la nación, y para reclutar al fin a todas las mujeres de la India en el movimiento de independencia nacional. No sólo constituyen las mujeres la mitad de la población, sino que como madres, como custodios del hogar, como educadoras por naturaleza son ellas las que forman la mente, las que conservan la tradición, las que dirigen las creencias. Gandhi había emprendido la tarea ingente de mentalizar a una nación entera, y necesitaba para ello la cooperación íntima de las mujeres de la India.

Al buscar su cooperación buscaba también su adelanto, su educación su progreso. Identificado con ellas vivió los problemas y las injusticias que padecían de tiempo inmemorial. El concepto equivocado pero universal del "sexo débil", la desigualdad de derechos con el hombre, la idea extendida pero falsa de que Sita fue muda esclava de Rama, el sistema de la dote que humilla a la mujer, la prohibición de casarse las viudas: todo ello lo denunció y lo atacó para liberar, levantar, educar a la mujer en dignidad y en igualdad con el hombre. Una mujer libre para una nación libre.

Para comprender el alcance de la acción de Gandhi hay que fijarse primero en la situación especial de la mujer debida al concepto y la práctica común en la India de la "familia conjunta", sistema según el cual el hijo al casarse sigue viviendo en casa de sus padres, mientras que la chica recién casada deja la casa de sus padres y pasa a vivir con su marido en casa de sus suegros. Eso asegura la unidad de la familia, la estabilidad de los matrimonios jóvenes, el cuidado de los padres que en su edad avanzada tendrán siempre a sus hijos en su propia casa para que se cuiden de ellos. La idea de dejar a los padres solos, o peor aún enviarlos a un asilo de ancianos o a una casa para la tercera edad es contraria la ética india. Pero si la "familia conjunta" tiene esas ventajas, tiene también un inconveniente serio que repercute de lleno sobre la mujer. Todo matrimonio sabe que sus hijos varones se quedarán con ellos, se cuidarán de ellos, harán que no les falte nada hasta su muerte, mientras que sus hijas los dejarán, pasarán a vivir en otra casa, a servir a otra familia. La hija desde que nace es, en el lenguaje brutal, "capital ajeno" que ha de pasar a otras manos, mientras que el hijo es "capital propio" que paga dividendos por todo lo que se haga por él desde pequeño. Esa situación hace que el nacimiento de un hijo sea bienvenido, y no así el de una hija. El segundo de los dieciséis sacramentos de la liturgia hindú se administra a la madre entre la concepción y el nacimiento de cada hijo, y consiste en una petición oficial y un rito sagrado para que el futuro bebé sea varón. La consecuencia de esa mentalidad, tristemente frecuente, ya que no universal, es que la mujer ha de pasar por el trauma de nacer sin ser deseada, el sufrimiento de saberse una carga para sus padres, y el dolor de abandonar su casa y vivir en toda su vida en casa bajo sus suegros. La mujer india puede preciarse de la fortaleza con que ha sabido adaptarse a esa situación difícil. Lo interesante es ver cómo Gandhi se acercó a ese problema y logró llegar a ese público femenino inmenso con su mensaje de liberación para la nación, para el hombre y para la mujer. ¿Cómo llegar a quienes no le veían, a quienes no escuchaban la radio, a quienes no leían sus publicaciones, a las mujeres de los pueblos infinitos de la India que seguían sus labores cotidianas en el silencio remoto de sus aldeas? ¿Qué pedirles que sea íntimamente suyo, que al darlo se incorporen en el esfuerzo nacional por la independencia y al mismo tiempo se despierten, se afirmen en su dignidad. Se hagan conscientes de su valía, de sus derechos, de su igualdad en todo con todos? El lenguaje del signo, del símbolo, de la imagen, que tan magistralmente usaba Gandhi, había de resultar tanto más eficaz ante la imaginación y la sensibilidad femenina, pero ¿qué símbolo emplear, qué gesto adoptar, qué imagen proyectar? A todas las clases y a todas las personas Gandhi exigía algún sacrificio, pues sabía que el dar algo, algo costoso y personal, es lo que compromete a las personas con la cusa y les hace entregarse de corazón más que meros discursos o promesas; pero ¿qué pedirles a quienes han dado ya todo al trabajo del hogar, a quienes consagran todo su día a la familia, a quienes sacrifican la vida entera por su marido y sus hijos? Pedirle su tiempo a una mujer de casa no tiene sentido, ya que dedica el día entero a sus quehaceres y cualquier otro trabajo la sustraería al trabajo fundamental del hogar. Pedirle dinero tampoco tiene sentido, pues si ella lo da sería pidiéndoselo a su marido. ¿Qué sacrificio, qué gesto, qué contribución a la causa pedirá Gandhi a las mujeres de la India, y cómo hará que esa contribución ayude al propio adelanto y desarrollo de la mujer? He aquí su solución y sus palabras:

A las mujeres de la India les pido, y les seguiré pidiendo que me entreguen sus alhajas y sus joyas, a ser posible todas ellas. Nuestras mujeres no tienen en general dinero propio del que puedan disponer con independencia. Lo que sí les pertenece a ellas personalmente son sus alhajas. De su casa las trajeron al casarse, y sobre su cuerpo las llevan como capital ambulante hasta su muerte. Y es al dar lo que es de uno mismo cuando uno se crece y se purifica y se ennoblece.

Las alhajas que llevan encima la mayor parte de las mujeres entre nosotros no son objetos del arte, sino recogedores de polvo y de suciedad. Desde el punto de visto económico son un capital que no se usa y que se va desgastando, lo cual es sólo una pérdida para la nación. Esas grandes pulseras en las manos y en los pies son símbolo de esclavitud, y, al mismo tiempo, ostentación ofensiva.

Estamos en un momento de sacrificio y de purificación, y yo hago un llamamiento a todas las mujeres de nuestro país para que me entreguen todas sus alhajas. La única condición es que las den de corazón, que las den con alegría, y que no vuelvan a comprar o a ponerse nunca otras alhajas en su lugar. El dinero que con eso consigamos se empleará en mejorar la suerte de los "hijos de Dios" (intocables) entre nosotros.

Las grandes pulseras y colgantes de plata en las muñecas, los tobillos, la nariz y las orejas son parte de la economía rural india. Es la manera de guardar y conservar el capital doméstico. En esas aldeas remotas y sencillas no hay caja fuerte en que puedan guardarse joyas, ni banco a que puedan entregarse. Las mujeres se encargan de transportar encima ese capital, andando, durmiendo y creciendo con las pulseras puestas. Son un obstáculo para el trabajo, un peligro para la higiene, una incitación al robo. Al ser también dote necesaria para el matrimonio de la mujer, objeto de tratos, regateos, engaños y abusos sin cuento, humillan a la mujer y se convierten en símbolo irónico de su desamparo y su esclavitud. Y sin embargo a pesar de todo cualquier mujer ama a sus joyas y le cuesta desprenderse de ellas. En la India más aún porque brazos sin pulseras significan viudez (al morir el marido, la viuda ha de despojarse públicamente de sus alhajas), y la viudez, en virtud de la teoría de la reencarnación y del karma, es castigo en esta vida de inmoralidad extrema en la pasada y, como tal, es deshonra total.

En terreno tan delicado entró Gandhi con mano certera, y pidió a las mujeres de la India algo que podían hacer, que les costaba hacer, y que al hacerlo las ennoblecía, las mentalizaba, las liberaba. La campaña de las pulseras. Para mí, un gesto tan genial y de tan largo alcance como la marcha de la sal o los ayunos por la no-violencia. Gandhi extendió su mano, mendigo voluntario de grandeza, y pidió a lo largo y a lo ancho de la India una limosna de plata labrada, de despertar femenino, de resurgimiento popular. Al viajar por los kilómetro sin fin de la península indostánica le esperaban las muchedumbres en la estación en cada pueblo en que parase el tren, y entre las muchedumbres le esperaban las mujeres. Su mensaje y su petición le habían precedido. Gandhi se asomaba al vagón sea cual fuere la hora del día o de la noche. Alargaban la mano. No necesitaba decir nada. En el laberinto de lenguas de la India quizá aquellas mujeres no entendían ninguna de las lenguas que Gandhi hablaba, y no hacía tampoco ninguna falta. Le veían el rostro. Le veían el gesto. Comenzaba la lluvia de plata. Brazos y pies acostumbrados de toda la vida al peso reluciente de las pulseras se veían por primera vez libres del cerco engañoso, del contacto cansado, de la costumbre tirana de unas joyas absurdas. Y Gandhi les decía:

Si os hubiera pedido dinero quizás hubiera sacado más. Pero yo quiero algo vuestro, algo que os haga sentir que habéis dado de lo que os pertenecía personalmente. El dinero lo hubierais pedido a vuestros padres o a vuestro marido. Las joyas son vuestras. Las pulseras son vuestras. Al darlas dais lo que es vuestro, y entráis en persona en el movimiento por la independencia.

Y otra cosa. Esas alhajas pueden brillar todo lo que quieran, pero de hecho son símbolo de esclavitud. Desecharlas es declararse en libertad. Conozco a muchas mujeres que al desprenderse de sus alhajas es cuando se han sentido libres.

El adorno de la mujer está en su integridad, y no en metales o piedras.

La mayor parte de aquellas mujeres no habían visto en su vida a un inglés, no sabían leer, no conocían la historia ni la filosofía del movimiento de independencia; pero sabían muy bien que aquel hombre representaba a la patria, que era hora del sacrificio, y que le habían dado a él lo que no le darían a nadie porque él iba a hacer también lo que no había hecho nadie. Las mujeres de toda la India entendieron a Gandhi, y sin salir de su aldeas se alistaron con fervor y eficacia en la causa de la libertad.

Un caso que emocionó al mismo Gandhi:

Estaba recorriendo Gandhi la provincia de Kerala en el sur de la India, y en cada pueblo reunía a las mujeres y les pedía que entregasen sus alhajas para ayudar a los intocables según su costumbre. En esto se presentó sobre el estrado donde estaba sentado Gandhi una muchacha de dieciséis años. Su nombre era Kaumudi. Se acercó respetuosamente a Gandhi, y con un gesto le pidió su autógrafo.

Era costumbre conocida de Gandhi que cuando una mujer le pedía su autógrafo lo daba con gusto, y esperaba que en pago la mujer se quitase una de sus pulseras y se la diese para la causa nacional. Kaumudi lo sabía, y sin decir nada se quitó una de sus pulseras y se la ofreció a Gandhi. Gandhi firmó y fue a darle el autógrafo, pero entretanto Kaumudi se había quitado la otra pulsera y se la ofrecía también. Gandhi lo notó y le dijo: " No, no hace falta. Por un autógrafo una pulsera." Pero Kaumudi, sin decir nada, se había quitado ya el collar de oro que llevaba. Todos los que estaban alrededor lo vieron y enmudecieron de sorpresa. Gandhi le preguntó dulcemente: "¿Tienes permiso de tus padres para hacer esto?"

En respuesta Kaumudi se quitó los pendientes. La gente aplaudió. Una por una se quitó Kaumudi todas las joyas que llevaba puestas, las puso a los pies de Gandhi, y se quedó mirándole como dispuesta a responder a sus preguntas

—¿Le has pedido permiso a tu padre?

—Sí.

—¿Y te lo ha dado?

—Sí.

—¿Le has pedido también permiso a tu madre?

—Sí.

—¿Y te lo ha dado?

—¡No!

—Pero tú la convencerás, ¿verdad?

—Sí.

Gandhi la acarició la cabeza con cariño, le dijo, "Tu generosidad es tu mejor adorno, mucho más que lo eran tus joyas," y la dejó ir.

Tanto le gustó a Gandhi este episodio que aquel mismo día escribió un artículo sobre él para su semanario Harijan. En él, después de describir con detalle toda la escena, añadió: "Cuando me dan joyas yo siempre pongo la condición de que no vuelvan a comprar o a ponerse otras en lugar de las que me han dado. A Kaumudi no le he dicho esto expresamente, pero espero que lo sabrá y aceptará, y que no se volverá a poner joyas nunca más."

Pero Gandhi era la verdad misma, y después de escribir eso comprendió que no tenía ningún derecho a imprimirlo sin antes hablarlo con la joven misma. La llamó al día siguiente y le dijo: "Tu sacrificio es admirable, y quiero que lo conozcan y lo imiten otras jóvenes como tú. Por eso he escrito yo mismo un artículo en el que lo cuento tal como sucedió. Pero luego he añadido que confío en que tú ya nunca más volverás a ponerte joyas. Por eso quiero preguntarte: para saber si estás dispuesta a ello. Si no lo estás, dímelo con libertad, y cambiaré ese párrafo en el artículo."

Kaumudi iba a contestar, pero Gandhi la atajó y antes de que pudiera hablar le dijo: "Piensa bien antes de contestar. No se trata de un asunto cualquiera; es cosa seria. Si lo prometes, lo prometes para toda la vida. Ahora te resulta fácil dejar las joyas, pero acuérdate de que un día te casarás, y el novio de ordinario insiste en que la novia tenga joyas y las lleve para la boda. Hay quienes rehúsan casarse si no hay joyas. ¿Qué podrás hacer tú?"

Kaumudi escuchó atentamente todo lo que Gandhi le dijo. Reflexionó unos momentos. Entendía perfectamente su responsabilidad. Por fin contestó con seriedad y con firmeza: "No aceptaré como marido a un hombre que insista en que yo lleve joyas."

Gandhi sonrió feliz –y el artículo fue a la imprenta.

Aparte de escribir el artículo, Gandhi contó esa historia en sus charlas innumerables veces como ejemplo de independencia, determinación y sacrificio en una joven de dieciséis años, y como resumen gráfico de su llamamiento a las mujeres de la India. Buen partido le sacó Gandhi a su campaña de joyas.

Interesó a las mujeres en la lucha por la independencia, las hizo conscientes de su propia dignidad, les inculcó sencillez y limpieza, las llevó a ejercitar su propia libertad, les recordó la causa de los intocables, y encima consiguió una buena cantidad de dinero para ese trabajo tan noble y tan ligado con el resurgir espiritual del país. Ningún orfebre se imaginaría que sus joyas habrían de servir para tanto.

Este encuentro de Gandhi con las joyas femeninas tiene antecedentes en su vida que merece la pena explorar. Al dejar Sudáfrica para volver definitivamente a la India, sus amigos y admiradores le ofrecieron toda clase de regalos entre ellos buena cantidad de alhajas y joyas de valor. Ya entonces el espíritu de Gandhi estaba alerta para descubrir el sentido y las consecuencias presentes y futuras de todo lo que hacía, y comenzó a reflexionar. Él mismo cuenta sus reflexiones y el conflicto al que lo llevaron:

Pronto me convencí de que no podía guardar esas joyas y esas alhajas. Decidí que a la mañana siguiente llamaría a mi mujer y a mis hijos y les expondría con toda sinceridad lo que yo sentía. Después pensé que no sería difícil convencer a mis hijos. Así decidí empezar por ellos y hacer que luego ellos se convirtieran en abogados de mi causa ante su madre.

Los chicos me entendieron enseguida. Yo me alegré. Luego les pregunté: "¿Podréis ahora vosotros convencer a vuestra madre?" "Desde luego," me contestaron, "eso nos toca a nosotros. Ella no va a llevar esas joyas, y nosotros no las queremos, así es que ¿para qué guardarlas? No tendrá ninguna dificultad en aceptarlo." Pero yo bien sabía que la habría.

Cuando le hubieron planteado el problema vino ella a hablar conmigo: "Comprendo que tú no quieras las joyas y que no las quieran nuestros hijos. Al fin y al cabo los chicos hacen lo que tú les dices. Pero piensa que estos hijos nuestros se han de casar un día. ¿Qué pasará entonces con mis nueras? Ellas sí querrán joyas. ¿Quién se las dará? ¿Y quién sabe también lo que nos ha de pasar a nosotros el día de mañana? Las alhajas siempre son seguro para el porvenir. Te las han dado con verdadera sinceridad y cariño. No las puedes devolver." Y se me echó a llorar.

Yo le dije con suavidad: "Sí, nuestros hijos se casarán en su día. Y cuando sean mayores podrán hacer lo que mejor les parezca. Nosotros procuraremos no escoger para ellos mujeres presumidas que quieran joyas. Pero si llegan a quererlas, aquí estoy yo para proporcionarlas cuando hagan falta."

—¡Estás tú bueno! Ya te conozco yo bien. ¿No eres tú quien no me dejas llevar joyas a mí? ¿Y tú les vas a comprar luego joyas a tus nueras? Ya estás preparando el camino haciendo ascetas de tus hijos. He dicho que estas joyas no se devuelven. Este collar de oro que te han dado es evidentemente para mí. ¿Qué derecho tienes tú sobre él?"

—Pero ese collar ¿me lo han dado a mí por mis servicios o por los tuyos?

—Por los tuyos. Pero sin los míos ¿de qué servirían los tuyos? Día y noche me has hecho trabajar sin parar. ¿y eso no se cuenta? Me has hecho llorar, me has hecho tener y servir en esta casa a todo el que te ha parecido. ¿Eso no vale nada? El trabajo ha sido de los dos, y los regalos son para los dos. Esas joyas no se devuelven.

He de confesar que sus palabras me llegaron al alma.

Eran flechas agudas. Pero yo quería a toda costa devolverlas. Al fin de mucho hablar conseguí que a regañadientes aceptara. Devolví todos los regalos.

Jamás me arrepentí de haberlo hecho. Y he de decir que, con el paso del tiempo, también mi mujer llegó a ver que lo que habíamos hecho estaba bien hecho.

Como en todo, Gandhi había experimentado en sí mismo lo que proponía a los demás. Pudo pedir joyas a todas las mujeres de la India porque primero se las había pedido a su mujer. Sabía la importancia de poseerlas y la dificultad de darlas. Sabía que era la manera de interesar a las mujeres de la India, de levantarlas, de despertarlas, de hacerlas ocupar su lugar de honor en la gran empresa que llenaba su vida y cambiaría la historia de su país. Gandhi, con intuición cartera, supo integrar a la mujer en a lucha por la independencia india. Tagore comenta con claridad:

Aunque Gandhi tenía horror al sexo como el autor de La sonata Kreutzer, no sentía como él desprecio por la mujer como fuente de pasión. Al contrario, la ternura y el cariño en el trato con las mujeres era uno de los rasgos más típicos y nobles de su personalidad. Bella prueba de esto es que algunos de los mejores y más fieles colaboradores de Gandhi fueron mujeres.

NOTA: *La sonata Kreutzer* es *La sonata para Violín y piano nº 9 en La mayor,* opus 46, de Beethoven, pero es también el título de la novela de Tolstoi en la que figura esta sonata, y en la que el autor expone su ideal de abstinencia sexual. Es a Tolstoi a quien Tagore se refiere en la cita.

MONEDAS OXIDADAS

A las mujeres de la India Gandhi les pidió sus joyas. ¿Qué les pidió a los demás? Él sabía que en el dar estaba el entregarse, el comprometerse, el identificarse con el ideal por el que se lucha. Por eso seguía pidiendo. A cada uno lo que más le gustaba, lo que más le costaba, lo que era auténticamente suyo y podía dar y al darlo se convertía en soldado, en voluntario, en miembro libre e integrado al país en marcha. Campaña de renuncias. Cuestación de sacrificios. Entrega de voluntades.

A todos aquellos que estaban empleados por el gobierno les pidió que dejaran su empleo. Es difícil dejar el empleo de que uno vive, pero el gobierno al que directamente servían aquellos empleados era un gobierno extranjero, y abandonar su servicio era un acto de protesta y libertad. Así lo entendieron miles de empleados del gobierno que prefirieron el gesto de renuncia al empleo seguro.

A los estudiantes de las universidades del gobierno les pidió que abandonase sus estudios. Más fácil y más peligroso es dejar los estudios, y al mismo Tagore le preocupó profundamente aquel llamamiento de Gandhi. ¿No crearía eso una generación de ignorantes? Pero Gandhi quería también a los jóvenes en su ejército pacífico, sabía que su mayor ambición era poseer un título académico por ser garantía de empleo y por su prestigio social. Si dejar la carrera era fácil, dejar el título al que llevaba era lo más duro que se le podía pedir a un joven ambicioso. Y Gandhi lo pidió. Y se vaciaron las aulas. Cuento entre mis amistades hoy a personas de gran cultura y exquisito refinamiento intelectual que sin embargo no poseen ningún título académico: estaban en la universidad cuando Gandhi los llamó a sus filas, les dedicaron los mejores años de su vida, y llegaron luego a educarse por su cuenta y a ocupar puestos de honor en la sociedad.

A los que tenían vicios les pedía que los dejaran. Persuasión pacífica. Piquetes de mujeres ante las tabernas y tiendas de licores. El beber está mal visto en la ética india, el hacerse adicto a la bebida es señal de servidumbre, Gandhi y sus seguidores profesaban la abstención completa y el gobierno independiente indio llegaría a implantar la ley seca. Otra vez el gesto, el dejar algo que cuesta, la liberación propia.

Y a los que no tienen nada ¿qué les pedirá? A otros les pedía para poder socorrer a los pobres, y a los pobres ¿qué les propondrá? También ellos tienen que integrarse en la empresa magna de la independencia. También ellos tienen que contribuir, dar algo suyo, dar de lo que no tienen, unirse en su pobreza al sacrificio universal, al esfuerzo de la nación entera. Y Gandhi les pidió precisamente eso, lo que no tenían, lo que ellos mismos necesitaban, lo que no podían permitirse dar, pero que al darlo los unía con pleno derecho, con la cabeza muy alta, con igualdad absoluta a la nación que despertaba. Gandhi, consciente de lo que hacía, y sufriendo él mismo el primero, alargó su mano ante los más pobres en limosna gloriosa de independencia. Cuenta Kalelkar:

Era el año 1926. Gandhi había acabado la gira del sur de la India despertando por todas partes el fervor nacional, y se encontraba ya en el norte, en la región de Orisa. Llegamos a un pueblecito llamado Itamati. Gandhi habló a la gente del lugar, y luego ellos comenzaron a traer lo que podían como respuesta a su llamamiento. Uno trajo un pepino, otro una berenjena, otros otras verduras. Algunos sacaron de entre los pliegues de los pobres andrajos que llevaban alguna que otra moneda pequeña. Yo iba recorriendo el grupo y recogiendo lo que daban. Tomé las monedas en la mano. Luego al abrirlas noté que tenía las manos todas verdosas. Las monedas, guardadas sin tiempo entre pliegues del vestido, se habían cubierto de orín. Le enseñé mis manos a Gandhi. No pude ni hablar.

Gandhi aceptó las monedas. Precio caro de una libertad costosa. Más valiosas que el cheque de un millonario. Reliquias de patriotismo. Joyas de nobleza. Tesoro para los fondos del resurgir nacional. Gandhi sufrió al aceptarlas, y supo aceptarlas porque identificaba su sufrimiento con el de los que se las daban.

En su manera de vida y en su corazón Gandhi se identificó con los pobres. En su ashram de Ahmedabad vivía a ras del suelo en un casita sencilla y abierta que pronto pareció insuficiente dado el ámbito de su trabajo y sus reuniones. El magnate industrial Janmalal Bajajaj propuso hacer construir un piso encima para mayor comodidad de todos. Gandhi por un momento estuvo a punto de ceder pues veía lo razonable de la propuesta, pero pronto se rehízo y contestó con sentimiento:

Soy hijo de la tierra. En mi región los labradores viven literalmente en el seno de la tierra, se acuestan sobre ella, trabajan en ella y juegan con ella. Yo también quiero vivir así. Como servidor del pueblo no puedo romper el contacto con la madre tierra e irme a vivir escaleras arriba en un piso. Seguiré viviendo en el cuartito en que he vivido siempre. Será algo incómodo, pero tendré la consolación de permanecer al nivel de mis hermanos y en contacto con ellos.

También Gandhi se acercó al mundo de los niños. También ellos eran ciudadanos en crecimiento de un país que se estaba encontrando a sí mismo, y también ellos entendían mejor que nadie el lenguaje de la imagen, el gesto, la anécdota espontánea que les llevaba Gandhi. Un ejemplo:

Una vez fue Gandhi a visitar un colegio. Le encantaban los niños y sabía ponerse a su nivel y hablar con ellos y como ellos. Se puso a dialogar con ellos, les contaba cosas y los animaba a que le hiciesen preguntas.

Uno de los niños le preguntó con sinceridad infantil: "Oiga, usted ¿por qué no lleva camisa?". Y antes de que Gandhi pudiera contestar, el niño prosiguió: "Si le digo yo a mi madre que le haga a usted una camisa ¿se la pondrá usted?

Gandhi vio enseguida la oportunidad. No iba a dejar pasar la ocasión de enseñar su lección favorita a un auditorio tan dócil e importante como niños en formación, y hacerlo a su manera plástica, espontánea, real. Siguió el hilo de la conversación y dijo con alegría: "Sí, sí, ya lo creo, con mucho gusto. Si tu madre me hace una camisa me la pondré y la llevaré encantado."

El niño se puso a dar saltos de alegría, y sus compañeros aplaudieron. Gandhi los miraba sonriente, pero luego se puso serio como si de repente se acordase de algo, y dijo: "Tengo un pequeño problema. Mira, te lo explico. Si alguien te regala a ti un juguete y no les regalas nada a tus hermanos, a ellos les sabe mal, ¿no es verdad? Pues a mí me pasa lo mismo. Si tu madre me hace una camisa a mí y no les hace a mis hermanos, a ellos no les gustará, y si no les gusta a ellos, pues a mí tampoco, ¿comprendes?"

El niño no se dio por vencido tan fácilmente. Al contrario, comenzó a decir con más energía: "No importa, no importa. Yo le diré a mi madre que haga también una camisa para cada uno de sus hermanos. Dígame, por favor, ¿Cuántos hermanos tiene usted?"

Gandhi dejó colgar la pregunta en el aire unos momentos, sonrió largamente y contestó al niño con ternura y con tristeza: "Tu madre va a tener que hacer muchas, muchas camisas. ¿Sabes? Yo tengo cuatrocientos millones de hermanos.

No creo que hubiera lección mejor que la que enseñó aquel día Gandhi. Y no creo que aquel niño ni sus compañeros la olvidaran nunca. Cuatrocientos millones de hermanos. Todos somos hermanos. Los pobres son nuestros hermanos. Nos identificamos con el menor de ellos. Lección temprana. Y lección clara, gráfica y duradera. Por naturaleza y por vocación Gandhi era siempre maestro.

A dos preguntas de periodista Gandhi contestó una vez con profundidad sincera.

—¿Qué es lo que le da a usted fortaleza en la vida?
—La fe de la gente sencilla.
—Y ¿qué es lo que más le preocupa?
—La falta de sensibilidad de la gente culta.

Kálelkar me dijo que el día que le oyó a Gandhi esas dos respuestas no pudo dormir por la noche.

EL SECRETO DE LA NO-VIOLENCIA

"La base de la no-violencia es desechar todo temor." "El primer requisito de la fuerza moral es no temer." "Todo lector del Guita sabe que la "carencia del miedo" (expresada en una sola palabra sánscrita, el "no-miedo") encabeza la célebre lista de atributos divinos del hombre o virtudes fundamentales que resumen admirablemente la ética más noble y la espiritualidad más profunda, y se encuentran en el capítulo 16. Hay comentaristas que dicen que la colocación privilegiada del "no-miedo" en cabeza se debe meramente a exigencias métricas del verso y es accidental, mientras que otros defienden que es intencional y significativa. No dirimo la disyuntiva exegética, pero sí afirmo que, en mi opinión, el "no-miedo" merece plenamente el primer puesto. Es la base esencial para que se asienten y crezcan todas las demás cualidades. No se puede buscar la verdad ni practicar el amor sin antes deshacerse del temor. Nuestro poeta gujaratí, Pritam, cantó: "El camino de Hari es el camino de los valientes; que no entre por él el menguado de corazón." Aquí Hari quiere decir la Verdad, y los valientes son los que se han despojado de todo miedo, los armados del "no-temor", no de espadas y rifles que sólo llevan los cobardes."

En esas palabras, y otras muchísimas durante su vida, Gandhi afirma la primacía del no-miedo, de la valentía, de la carencia absoluta de temor, sobre toda otra actitud, virtud o cualidad. Era la esencia de su credo, el secreto de su energía, el eje de su vida. No tener miedo. La entereza absoluta, el coraje total. Miedo a nada ni a nadie. Ni a la violencia física ni a la amenaza moral. Ni a las cosas ni a las personas. Ni a la vida ni a la muerte. Entre los votos que habían de hacer los moradores de su ashram en Ahmedabad y que han quedado enumerados antes, el último, que quizá haya pasado desapercibido entonces y subrayado ahora, era el de nunca tener miedo, sumario definitivo de todos los demás. El miedo consciente o inconsciente, vago o concreto, sutil o intenso enturbia la percepción, falsea las decisiones, debilita las fuerzas. Es la emoción más universal. Embota las facultades, engaña a los sentidos, carcome la vida. El miedo es el mayor obstáculo para el desarrollo de la personalidad y para la fruición de la vida. Anida en los repliegues de la mente, en las oscuridades del corazón, y llega hasta la última célula del organismo. Y paradójicamente el miedo engendra violencia. El animal ataca cuando tiene miedo. Y lo mismo hace el hombre. La cobardía se refugia en la violencia. La intrepidez permanece entera segura de sí misma. El miedo es el que hace volverse violento al hombre. Donde hay confianza y serenidad no hay violencia. Al atacar Gandhi al miedo, atacaba la raíz de la violencia, asentaba la base del respeto y la dignidad de la persona, fijaba el rasgo más firme e importante del carácter nacional.

Una experiencia temprana ejerció gran influencia sobre el pensamiento de Gandhi y se tradujo en la importancia que más tarde daría a liberarse de todo miedo en la vida. En su infancia, como todos los niños, tenía miedo a la oscuridad. Su aya le enseñó el remedio: ir repitiendo el nombre de Dios con los labios, con la mente, con el corazón. Rama, Rama, Rama. La oración tradicional hindú, sencilla y profunda, popular y mística, pronunciada con fe y entreverada espontáneamente en los ritmos de la vida, el andar, el respirar, el latir del corazón. Los labios se mueven silenciosos al compás del paso, del pulso, del aliento, y todo el cuerpo reza y cualquier acción es plegaria. He observado innumerables veces en la India en un autobús apretado, en la espera de una cola, en el aburrimiento de una visita, labios que se mueven, dedos que cuentan, respiración rítmica que se adivina llena de oración, llena de Dios. Una vez en una mañana temprana de invierno en un camino solitario del monte Abu en el Rajasthan vi ante mí una pobre mujer que, descalza sobre el camino agreste y vestida con un escaso sari en el frío mañanero, llevaba un gran fardo de leña sobre su cabeza para venderlo temprano en la ciudad. Al acercarme a ella y adelantarla noté que iba murmurando algo al andar. Presté atención. Era el nombre sagrado repetido rítmicamente al compás de sus menudos pasos. Rama, Rama, Rama. El secreto milenario de la espiritualidad india había llegado hasta aquella leñadora en su aldea y le daba fuerza, valor y consuelo en aquella fría mañana de invierno. La oración del Nombre, como se llama, es parte del patrimonio espiritual indio, y llegó temprano a la vida de Gandhi de manos de su aya. Gandhi escribió después:

De niño mi aya me enseñó a repetir el nombre sagrado de Rama siempre que sintiera miedo. Con el pasar de los años y el madurar de la vida esa santa costumbre ha pasado a formar parte de mi organismo. Puedo decir sin exagerar que el Nombre está actualizado en mi corazón, si no siempre en mis labios, veinticuatro horas al día. Ha sido mi salvación y mi fortaleza. En él vivo y en él permanezco.

Gandhi tenía un seguro de vida, y más adelante lo canceló diciendo sencillamente, "mi seguro es Dios". Cuando en Sudáfrica le amenazaron de muerte, su amigo incondicional

Kállenback se aprestó a protegerlo acompañándolo con su revólver y Gandhi rechazó la defensa armada y volvió a decir, "mi guardaespaldas es Dios". No conocía el miedo. Y su misma muerte a manos de la violencia, inerme e indefenso ante tres balas asesinas, intrépido y entero hasta el final, fue la conquista en paradoja del camino de la misma violencia que lo mataba. Podían matar a su cuerpo, pero no a su mensaje que, al contrario, ganaba más firmeza y credibilidad y universalidad con su muerte. La carencia de miedo desarma a la violencia, y cuando ésta ciega sigue su curso, muestra cuán vacía e inútil es y cuán incapaz de conseguir nada. La violencia al matar a Gandhi le hace inmortal. Consigue exactamente lo opuesto de lo que se proponía. Se derrota a sí misma. Los asesinos de Gandhi al matarlo le hicieron triunfar. "No temáis a los que sólo pueden matar el cuerpo". Lección difícil para el hombre, que Gandhi hizo verdad en su vida y en su muerte.

Alguien le preguntó si temía el juicio de Dios. Gandhi contestó con fe definitiva:

Llevo más de medio siglo sirviendo con toda la lealtad que puedo al Amo a quien he consagrado mi vida. Él no me ha abandonado nunca, ni en los momentos más oscuros de mi vida. Al contrario, según me acerco al fin encuentro más alegría en su servicio. Aun entre nosotros un buen amo no deja sin recompensa a un servidor de toda la vida. Él también es un buen Amo.

El pensador dominico padre Regamey ha dicho en nuestros días que a través de los siglos sólo ha habido dos ocasiones en que el cristianismo ha cambiado el curso de la historia: la primera en el siglo uno cuando los primeros cristianos tomaron en serio el mensaje de Jesús y lo extendieron por Europa creando una mentalidad que influenció irreversiblemente la cultura occidental; y la segunda en nuestro tiempo cuando Gandhi aplicó la inocente táctica del sermón de la montaña al problema ingente de la liberación de su pueblo del poder inglés, y consiguió, por la paz, la independencia india que inmediatamente se convirtió en pauta y modelo para otras independencias que habrían explotado en sangre sin el ejemplo convincente de la India, y para una nueva generación de activistas pacíficos que han aprendido a luchar sus batallas sin violencia. Stanley Jones ha llegado a decir que Dios se sirvió de Gandhi para cristianizar a un cristianismo descristianizado. Pocos cristianos han tomado en serio el precepto de ofrecer la otra mejilla. A lo más lo creen un ideal utópico, no una recomendación práctica. Fue Gandhi quien mostró que lo era. Gandhi asentó el hecho histórico de que la no-violencia es mandamiento práctico y táctica eficiente. Es verdad que la India no ha sido el paraíso de paz que Gandhi soñó, y su misma vida acabó en sangre. Pero también es innegable que su doctrina y su vida han contribuido a rebajar la escalada de violencia de nuestro difícil momento histórico.

Para el sermón de la montaña Gandhi tuvo la palabra más alta que su sincero y ferviente corazón hindú le brindó. Escribió: "Hoy, si perdiese yo mi libro del Guita y me olvidase por completo de su contenido, pero tuviese un ejemplar del Sermón de la Montaña, sacaría tanta alegría y consuelo de él como saco del Guita".

Gandhi derivó su no-violencia de tres fuentes: su aya jainista, su tradición hindú y el sermón de la montaña. De su tradición hindú, Gandhi gustaba de citar el ejemplo del joven santo Prahlad a quien se venera universalmente en el Gujarat.

Era el hijo angelical de un padre cruel, mitad hombre mitad monstruo, conocido en la mitología india por el nombre de Hiranyakáshipu, que había declarado la guerra a los dioses. Cuando su hijo Prahlad se reveló como devoto ferviente de Vishnu cuyo nombre repetía sin cesar, su padre le prohibió pronunciarlo y le sometió a toda clase de tormentos para hacerle desistir. A los tormentos crueles, Prahlad ofreció solo la resistencia callada, la no-violencia, el "agarrase a la verdad". Se agarró por fin a una columna fálica cuando su padre iba a matarle por seguir recitando el nombre sagrado de Vishnu, y en milagro redentor se abrió la columna, apareció Vishnu y liberó a su fiel servidor. Gandhi decía que Prahlad había sido su maestro en la no-violencia.

La otra influencia decisiva fue la jainista. El aya que le enseñó a no temer en la oscuridad era jainista, y la única persona a quien consultó Gandhi cuando, bajo el acoso bien intencionado de amigos cristianos necesitó consejo en materia religiosa, fue Kaví Raychandra, máximo exponente seglar del jainismo contemporáneo que, aunque poco conocido fuera de su patria, tuvo gran influencia sobre todo el Gujarat y en particular sobre Gandhi. El mandamiento básico del jainismo es, "el supremo deber es la no-violencia", y de él deduce con lógica ejemplar todos los demás mandamientos y reglas de conducta que hacen del jainismo, en la teoría y en la práctica, religión de pureza extraordinaria y de austeridad poco común. El monje jainista no sólo es vegetariano estricto (nunca toma ni carne, ni pescado, ni huevos) cosa frecuente en la India, sino que barre con una escobilla siempre presente el sitio en que va a sentarse para no aplastar aun sin querer a algún insecto, lleva un velo permanente sobre la boca, no sólo, como vulgarmente se cree, para no tragar sin darse cuenta a algún mosquito en un clima en que tanto abundan, sino, más delicadamente, para evitar herir al aire con el aliento al hablar, ya que al aire también se le considera vida, y cada palabra pronunciada desnudamente es un venablo que le hiere. Durante la estación de lluvias no andan para no herir con sus pies al agua, también viva, y en cambio durante el resto del año peregrinan sin descanso andando siempre (todo vehículo "hiere" al aire, y cuando un monje emprendedor montó por primera vez en un avión cuyos motores a reacción iban a martirizar al aire, el aeropuerto de Bombay se llenó de fieles jainistas que protestaban ante el sacrilegio), y no pasan más de tres noches en el mismo sitio como salvaguarda para su voto de pobreza, de no poseer nada, pues la posesión puede llevar a la violencia. Aun al dormir a la noche, para reducir al mínimo la posesión fugaz de unos palmos de suelo al tumbarse, se acuestan de espaldas con las rodillas dobladas sobre el pecho: consideran que usar algo más de lo estrictamente necesario es robar, y el robar es violencia. Grupo paralelo al budismo, separado del hinduismo aunque en prefectas relaciones con él, floreciente especialmente en el Gujarat, llegó a tener gran influencia sobre Gandhi, y a través de él en toda la India.

La enseñanza típica jainista que presta base a la no-violencia es el principio de la multiplicidad y, por consiguiente, del relativismo del conocimiento (*anekantvad*). Lo explica bellamente la antigua parábola de los ciegos que por primera vez se acercaron a un elefante, lo palparon y luego dio cada uno su descripción del nuevo animal. Uno dijo que era como unas columnas (había tocado las patas), otro como una pared (el costado), otro como una escobilla (la cola), otro como una manguera (la trompa), otro como cuernos afilados (los colmillos), otro como un soplillo (las orejas). Cada uno se aferraba a su descripción, y riñeron pasando de las palabras a los golpes. La falta de tolerancia engendra violencia. En cambio la comprensión, la conciencia de la propia limitación, el reconocimiento de la infinitud de la verdad y la complejidad de la realidad, y el respeto por la percepción de los demás crean el entendimiento mutuo, la aceptación, la paz. Gandhi escribió:

> Mi fe se basa en la mayor tolerancia posible. Y esa amplia fe es la que me sostiene. Sé que a algunos de mis amigos esto les resulta un poco desconcertante, y encuentran mi posición algo embarazosa. Comprendo que lo sea para ellos… ¡pero no lo es para mí!

La violencia surge del miedo y de la intolerancia, y Gandhi laboriosamente, concienzudamente, gloriosamente desenmascaró y conquistó en su alma a esos dos enemigos de la vida. No elaboró teorías ni propuso doctrinas, pero con el ejemplo y la práctica mostró el camino de la no-violencia al mundo cuando más lo necesitaba. Cuando alguien le pidió un mensaje para las masas, él contestó con sencillez y con verdad: "Mi vida es mi mensaje". La intrepidez y la tolerancia se encarnaron en él, no tener miedo a nada y comprender todo llegó a ser la esencia misma de su vida, y esa vida fue su mensaje. En una declaración breve del año 1947 se manifiesta claramente su falta de temor, aun del temor fundamental a la muerte que presiente se avecina, y su mente y su corazón siempre abiertos al llamar a Dios al mismo tiempo Rama (nombre hindú) y Rahin (nombre mahometano). Escribió:

> Aunque lleguen a matarme no dejaré de repetir los nombres de Rama y Rahim que para mí significan al mismo Dios. Con

esos nombres en mis labios moriré alegre. Un año más tarde, en el jardín de la casa de Birla en Nueva Delhi, esa profecía se hizo historia.

ÚLTIMA IMAGEN

He pasado largos años, los mejores de mi vida, en la ciudad de Ahmedabad, centro del Gujarat, tierra de Gandhi. He "bebido de las aguas del Sabármati", expresión gujarati que identifica a los hijos de la tierra con su carácter práctico, pacífico, afectuoso; he pasado mil veces por las calles por las que Gandhi pasó, me he sentado más de una tarde, reverente y pensativo, en esa breve extensión de arena acotada junto al río, al este de la ciudad, lugar consagrado por la oración diaria de Gandhi. Allí estableció su ashram que primero se llamó "Sabarmati Ashram" por el nombre del río sagrado que la baña, río invisiblemente presente, según la concepción mitológica india, allá en el norte en la confluencia del Ganges y el Yamuna, y que con ellos completa la sagrada trinidad fluvial (*triveni sangam*) para llegar después, tras largo y secreto viaje subterráneo, a fertilizar las llanuras del Gujarat. Más adelante en nombre de los "hijos de Dios", los intocables a quienes Gandhi dedicó especialmente su vida, él mismo le cambió el nombre a "Harijan Ashram". Y ahora sencillamente se llama "Gandhi Ashram".

El sitio era un despoblado cuando Gandhi fue a vivir allí. Kálelkar cuenta cómo en sus paseos exploraban hacia el este la orilla del río, hacia el oeste los arrabales de la ciudad, y dejaban el norte donde se alzaban misteriosos los muros de la cárcel, y el sur que era el cementerio o crematorio. Y él mismo sigue contando con humor sincero cómo "más adelante, por la gracia del gobierno inglés se nos dio a conocer lo que había al norte tras los muros de la cárcel, ... y algún día por la gracia de Dios se nos dará a conocer lo que hay al sur detrás de los muros del cementerio...". En ese terreno privilegiado se preparó la sencillísima casita abierta, "Choza del Corazón"

(*Hrudaykutir*) donde residía Gandhi con su mujer, otra casa para voluntarios y huéspedes, un comedor común, y el área limpia y serena en la arena de la orilla del río donde Gandhi y sus seguidores se reunían sin falta para la oración en común. Hoy se ha creado en la cercanía un museo de Gandhi, una biblioteca, una escuela; pero la "Choza del Corazón" y la arena devota se han conservado felizmente tal y como estaban en el cercano pasado que ya es historia.

Me encanta enseñar a huéspedes o visitantes la ciudad que amo, las calles, las murallas, los templos, las mezquitas, las tiendas y los bazares de Ahmedabad. Cuenta mi ciudad con el templo de Hathisingh, filigrana jainista en mármol blanco, la mezquita Rani Sipri, trazado exquisito de geometría devota, el museo textil de Cálico, el complejo modernísimo de los edificios del Instituto Nacional de la Empresa, y aun tres edificios hechos por Le Corbusier. Todo eso hay que verlo, y todo lo enseño con orgullo y cariño. Pero el sitio más importante donde llevo a mis amigos sin prisa, a pie, con reverencia, es el ashram de Gandhi, la orilla del río, el cuadrángulo de arena. Allí pasamos un rato en silencio absorbiendo el ambiente heredado por aquellas arenas, aquel árbol, aquel recodo del río sagrado que lo es más desde que Gandhi se sentase a su lado a pensar, a meditar, a encontrase a sí mismo y a Dios. Y allí les cuento el episodio que tuvo lugar en ese mismo sitio, y que retrata en símbolo e imagen la postura serena e intrépida de Gandhi frente a la coacción y a la violencia.

Era el diez de marzo de 1922 hacia el atardecer. El virrey había dado orden de arrestar a Gandhi. Se presentó un destacamento de policía armada en el ashram, cercaron las salidas, y un oficial inglés se adelantó y gritó la orden: "Que se presente Mohandas Karamchand Gandhi. Está arrestado".

Gandhi salió inmediatamente y dijo: "Estoy dispuesto. No tengo nada que preparar. Sólo quiero rezar unos minutos".

El oficial inglés quedó un poco perplejo pues no estaba acostumbrado a ese tipo de respuesta en gente que va a la cárcel. Pero comprendió que hay una corte más alta que la corte del virrey, y accedió a la petición.

Y surgió el cuadro. La policía tensa con sus armas en alerta. El oficial inmóvil, de pie, observando impaciente los movimientos de los moradores del ashram. Y Gandhi y sus amigos sentados tranquilamente en la arena a la orilla del río con el alma en paz y los labios llenos de alabanza.

Se cantó una plegaria hindú. Otra mahometana. Otra cristiana. Se repitió en común rítmicamente el nombre de Rama. Se guardó un breve silencio. Y Gandhi se levantó y fue con paso firme y tranquila sonrisa hacia el oficial inglés y la furgoneta de la policía que esperaba.

Al día siguiente la imagen llegó a todo el país, y a todo el mundo. La policía y la oración. Las armas y la paz. La fuerza y el desarme. O mejor dicho la fuerza del desarme, el valor del no resistir, el triunfo de la no-violencia. Dos imperios frente a frente, el moral y el material.

Gandhi sin miedo. En sus labios el nombre de Dios que usan los hindúes y el que usan los mahometanos. Abierto a todos y a todo. Sin miedo y sin prejuicios. Sin temblor y sin intransigencia. No tiene nada que temer, no es enemigo de nadie, no protesta, no se defiende. Al hacerse totalmente vulnerable se hace paradójicamente invulnerable. Lo llevan a la cárcel. Irá. Y saldrá. Un día lo matarán. Y vivirá para siempre.

Pocos días antes de la muerte de Gandhi un pariente suyo fue a visitarlo al norte de la India donde se encontraba en misión de paz, y, cariñoso, le invitó a que le devolviera la visita en su región cuando pudiera. Eran días amargos. La violencia se cernía en el aire. El dolor de la división India-Pakistán atenazaba el corazón de Gandhi. Presentía su fin próximo, y lo presentía violento. Contestó con tristeza de despedida y con fe de testamento:

> Ahora no puedo ir. Y quizá no pueda ya ir nunca. Este cuerpo no me va a durar mucho. Pero no importa. Cuando yo me vaya será sólo el cuerpo quien se vaya. Después de morir estaré aún más cerca de todos vosotros. El cuerpo se irá, pero mis ideales quedarán.

Nuestro tiempo necesita que esas palabras de Gandhi vuelvan a ser verdad.

ESTA
PRIMERA
EDICIÓN DE *Gandhi,*
DE CARLOS G. VALLÉS,
HA SIDO IMPRESA CON PAPEL
AHUESADO, DE 80 GRAMOS. SE
HA UTILIZADO LA TIPOGRAFÍA
GARAMOND PRO. SE TERMINÓ
DE IMPRIMIR EN REPROGRÁFI-
CAS MALPE, EN MADRID, EN
EL MES DE FEBRERO DEL
AÑO 2025.